保定文化20问

张帆　王清瑗◎编著

燕山大学出版社
2020・秦皇岛

图书在版编目（CIP）数据

保定文化 20 问 / 张帆，王清瑗编著. —秦皇岛：燕山大学出版社，2020.9
ISBN 978-7-5761-0024-2

Ⅰ. ①保… Ⅱ. ①张… ②王… Ⅲ. ①地方文化－介绍－保定 Ⅳ. ①G127.223

中国版本图书馆 CIP 数据核字（2020）第 167301 号

保定文化 20 问

张　帆　王清瑗　编著

出 版 人：陈　玉
责任编辑：王海平
封面设计：吴　波
出版发行：燕山大学出版社 YANSHAN UNIVERSITY PRESS
地　　址：河北省秦皇岛市河北大街西段 438 号
邮政编码：066004
电　　话：0335-8387555
印　　刷：秦皇岛墨缘彩印有限公司
经　　销：全国新华书店

开　　本：700mm×1000mm　1/16　　印　　张：10.25　　字　　数：159 千字
版　　次：2020 年 9 月第 1 版　　印　　次：2020 年 9 月第 1 次印刷
书　　号：ISBN 978-7-5761-0024-2
定　　价：36.00 元

序　言

保定是国家历史文化名城。千百年来，无数先贤英豪、仁人志士，在保定这块热土上或建功立业、或舍生取义，他们的英名和业绩名垂千古、流芳百世，为保定书写了辉煌的历史篇章，谱就了雄浑的文化交响曲，从而使保定的历史文化遗产在中华文明进步史上占有一席之地。

梳理保定的文化脉络，编写一本通俗明了又引人入胜的关于保定文化诸方面的简明读物，帮助人们从文化的视角认知保定，一直是我市文化旅游部门努力的目标。机缘之下，我们有幸结识并请到了对保定文化旅游事业给予极大关注的张帆和王清瑗两位作者，帮助我们对完成这一目标进行尝试。不负所望，他们在很短的时间内，编著完成了这部《保定文化20问》，作为对保定市第三届旅游产业发展大会的献礼。此书的叙事模式和选题视角，与传统的史纪志书式文化读物有很大不同，通篇以问题导入、设问而答的形式，将保定历史文化中具有普世价值、世界意义和国家高度的诸方面，概括成20个问题展开阐述，以期给人认知保定文化的新视角和新境界。书中的立论、观点和叙述，虽不臻完美，但是是一种有益的尝试和突破。

前世之事，后事之师。鉴古知今，师逸功倍。研究、传承、弘扬优秀的传统文化遗产，从历史文化中汲取有益的文化精髓，继承宝贵的文化精神，是为了更好地服务于今天的社会主义先进文化建设，指导我们在当前的文化和旅游工作中推陈出新、继往开来，创新创造出能为今日成就、可为后世颂咏的新时代文化成果。

慷慨悲歌、任侠好气、忠信守义、自强不息，保定人的血脉里自带着这种不服输、争上游、胸怀天下事、敢为天下先的人文精神。进入新时代，文化旅游业面临前所未有的新机遇和新挑战，需要我们以创新的思维和观念迎难而上，需要我们学习继承晋察冀革命先辈的英雄主义精神、留法勤工俭学运动追求真理的求索精神、白求恩同志无私奉献的国际主义精神，弘扬保定优秀的传统文化，以革命先辈为榜样，在文化自信和自觉中脚踏实地、兢兢业业地推进我们的各项工作，从而续写和再创保定文化旅游发展的新辉煌，以不负历史的际遇，不负党和人民的期望。

中共保定市委宣传部副部长
保定市文化广电和旅游局党组书记　李洪强

2020年8月

目　录

一、保定凭什么获得国家历史文化名城的称号？

（一）何谓历史文化名城？

根据《中华人民共和国文物保护法》，“历史文化名城”是指保存文物特别丰富，具有重大历史文化价值和革命意义的城市。从行政区划看，历史文化名城并非一定是“市”，也可能是“县”或“区”。截至2020年7月13日，国务院共批复了135座城市或地区为历史文化名城。

（二）设立历史文化名城的缘由和依据是什么？

国家历史文化名城是1982年根据北京大学侯仁之、建设部郑孝燮和故宫博物院单士元三位先生提议而建立的一种文物保护机制。由中华人民共和国国务院确定并公布的国家历史文化名城均为保存文物特别丰富、具有重大历史价值或者纪念意义、且正在延续使用的城市。1982年2月8日，国务院批准首批国家历史文化名城24个。

党和国家历来高度重视历史文化名城、名镇、名村的保护工作，《中华人民共和国文物保护法》《中华人民共和国城乡规划法》确立了历史文化名城、名镇、名村保护制度，并明确规定由国务院制定保护办法。2005年10月1日，《历史文化名城保护规划规范》正式施行，确定了保护原则、措施、内容和重点。2008年7月1日，《历史文化名城名镇名村保护条例》正式施行，规范了历史文化名城、名镇、名村的申报与批准。如果国家历史文化名城的布局、环境、历史风貌等遭到严重破坏，由国务院撤销其“历史文化名城”称号。

（三）历史文化名城有几种类型？

国家历史文化名城按照特点主要分为七类。

历史古都型：以都城时代的历史遗存物、古都的风貌为特点的城市，如北京、南京、西安等。

传统风貌型：保留了一个或几个历史时期积淀的完整建筑群的城市，如大理、商丘、平遥等。

一般史迹型：以分散在全城各处的文物古迹为历史传统主要体现方式的

城市，如成都、济南、长沙等。

风景名胜型：建筑与山水环境的叠加显示出鲜明个性特征的城市，如桂林、苏州等。

地域特色型：地域特色或独自的个性特征、民族风情、地方文化构成城市风貌主体的城市，如丽江、拉萨等。

近代史迹型：以反映历史上某一事件或某个阶段的建筑物或建筑群为其显著特色的城市，如上海、天津、重庆等。

特殊职能型：某种职能在历史上占有极突出的地位的城市，如“瓷都”景德镇、“盐城”自贡等。

（四）申报历史文化名城需要具备哪些条件?

《历史文化名城名镇名村保护条例》第七条规定：具备下列条件的城市、镇、村庄，可以申报历史文化名城、名镇、名村：

1. 保存文物特别丰富；

2. 历史建筑集中成片；

3. 保留着传统格局和历史风貌；

4. 历史上曾经作为政治、经济、文化、交通中心或者军事要地，或者发生过重要历史事件，或者其传统产业、历史上建设的重大工程对本地区的发展产生过重要影响，或者能够集中反映本地区建筑的文化特色、民族特色。

申报历史文化名城的城市，在所申报的历史文化名城保护范围内还应当有 2 个以上的历史文化街区。

（五）保定申报的是何种类型的历史文化名城?

根据自身的历史文化遗存情况，保定是按一般史迹型申报历史文化名城的。

（六）保定申报历史文化名城的理由有哪些?

保定是座著名的文化古城。

名胜古迹有著名的西汉中山靖王刘胜夫妇墓（即满城汉墓）、元代张柔墓，具有南北艺术风格的古莲花池，还有大慈阁、鸣霜楼、直隶总督署、光园、淮军公所、刘守庙、杨公祠、天水桥、清河道署、慈禧行宫、清真西寺、要庄和夜借商周遗址、保定陆军军官学校遗址和方顺桥等。保定市内仍保留一段较完整的城墙（砖墙）、具有明清建筑风格的东西大街等商业建筑和大量的四合院等，保留有相传为燕赵分界的裂国石，附近还有北岳庙、清西陵、燕下都遗址和紫荆关等。

大慈阁

直隶总督署（许宣摄）

革命纪念地有育德中学、保定红二师、贤良祠、和生印书局、冉庄地道、一亩泉等，附近还有狼牙山和白洋淀。

保定地扼华北要冲，历代以军事重镇著称，是首都北京南部的重要门户。宋辽时期，为北部边防重镇，杨延昭等名将在此任知州、防御使、缘边都巡检使、团练使等，镇守“三关”。保定金为顺天军节度使驻地，元为顺天路、保定路治所，明为大宁都司驻地，清为直隶总督署驻地，清末袁世凯于此练北洋新军并建立了众多军事学堂，为北洋军阀培养了大批军事骨干力量，民国时期设直隶督军署、川鄂湘赣经略署、直鲁豫巡阅使署、保定行营、十一战区长官司令部、保定绥靖公署等军事机关。

保定自古就是人文荟萃、教育发达的地方。戏曲在金元时臻于完备，元杂剧《张生煮海》编剧李好古即为保定人。宋代熙宁四年（1071年）建保州州学，元建万卷楼，明改州学为府学，并建“二程书院”（程颐、程颢书院）、金台书院、上谷书院、县学、大宁都司学及下属五卫学，还设有义学、社学。

清雍正年间，建莲池书院，晚期设英文、日文专修科，不少日本人来此留学攻读汉学。清同治年间设直隶官印局。光绪二十四年（1898 年），建直隶高等学堂，清华大学校长梅贻琦曾在此就读。光绪二十八年（1902 年）后，在保定相继开办了北洋陆军将弁学堂、练官营、陆军师范、陆军速成武备学堂、陆军军官学堂等军事学校，还有高等师范、警务、农务、医学、法律、法政等学堂（民国年间，农、医、法、师范合并为河北大学）。光绪三十四年（1908 年）建直隶图书馆。民国年间有河北印刷所、协生印书局等大型印刷机构，1928 年出版报刊达 17 种之多。

保定的商业远在宋代已很发达，清代为直隶省会后，更显繁盛。现在保留下来的老字号商品、商店有始于康熙十年（1671 年）的槐茂酱菜，有建于同治年间的万宝堂和马家老鸡铺，有光绪十年（1884 年）建的四美斋糕点铺，以及义春楼罩火烧、保定铁球等。民国年间开办的食品、饮食店有白运章、天义斋包子铺，六味斋熟肉店，稻香村、真素斋、福兰斋糕点及何家烧饼、白家烙饼等地方风味食品，还有万里皮鞋、士宝斋布鞋等特产。

保定历史街区——西大街

清代的繁华街道有西大街、城隍庙街、西关大街、都署大街、鼓楼北街等，民国年间始建综合性的马号商场等。

（七）保定是何时被国家批准公布为历史文化名城的?

1986 年 12 月 8 日，国务院公布，保定被第二批列入国家历史文化名城名单。

（八）保定获批历史文化名城的意义是什么？

保定申报和获批国家历史文化名城既有利于延续城市文脉，彰显历史文化的厚重，提升城市形象，张扬城市的知名度和美誉度，又有利于改善人居环境，满足人民群众对美好生活的向往，还可营造一座精神家园，让遍布海内外的保定家乡人记住乡愁、留住乡情。

二、保定的哪些文化资源具有世界级的品位？

（一）世界级文化资源以什么标准判定？

文化资源有两种，一种是物质类的文化遗产，另一种是非物质类的文化遗产。

一般认为，得到联合国及所属联合国教科文组织认可并可申报列入《世界遗产名录》的文化资源为世界级的文化资源（遗产）。

以可见物质载体形态存在的文化遗产，经联合国教科文组织法定程序认定被列入《世界遗产名录》，被称为世界文化遗产、世界文化与自然双重遗产。世界文化遗产和世界自然遗产均属于世界遗产范畴。

非物质类的文化遗产，经联合国教科文组织法定程序认定被列入《人类非物质文化遗产代表作名录》《亟须保护的非物质文化遗产名录》《保护非物质文化遗产优秀实践名录》。

凡提名列入《世界遗产名录》的文化遗产项目，必须符合下列一项或几项标准方可获得批准：

1. 代表一种独特的艺术成就，一种创造性的天才杰作；

2. 能在一定时期内或世界某一文化区域内，对建筑艺术、纪念物艺术、城镇规划或景观设计方面的发展产生过重大影响；

3. 能为一种已消逝的文明或文化传统提供一种独特的至少是特殊的见证；

4. 可作为一种建筑或建筑群或景观的杰出范例，展示出人类历史上一个（或几个）重要阶段；

5. 可作为传统的人类居住地或使用地的杰出范例，代表一种（或几种）

文化，尤其在不可逆转之变化的影响下变得易于损坏；

6. 与具特殊普遍意义的事件、现行传统、思想、信仰或文学艺术作品有直接或实质的联系。

（二）保定有哪些文化遗存可列入世界遗产名录？

清西陵、明长城涞源段、直隶总督署及相关衙署建筑群。

（三）已经列入世界遗产名录的文化遗存是什么？

2000 年 11 月 30 日，清西陵作为中国皇家陵寝的一部分被第 24 届世界遗产委员会列为世界文化遗产和《世界遗产名录》。

清西陵（王江山摄）

专栏 1　世界文化遗产清西陵
1. 坐落位置 清西陵坐落在易县境内，16 处古建筑群及 15000 余株古松分布在西陵镇和梁格庄镇。包括泰陵、昌陵、慕陵、崇陵、泰东陵、昌西陵、慕东陵、泰纪园寝、昌纪园寝、妃园寝、端亲王园寝、怀亲王园寝、公主园寝、阿哥园寝、行宫、永福寺等各座建筑群。 2. 清陵特色 满族人建立的清朝（1616—1911）是中国最后一个封建王朝。自清太祖努尔哈赤开基至辛亥革命后宣统皇帝退位，共历经 12 帝，统治 295 年。清代帝王陵寝，从建陵年代和地理位置，可分为清初关外三陵、清东陵和清西陵三个陵区。清东陵和西陵的陵墓从规划建制到建筑造型均仿照明朝，采用集中陵区的手法，安排总入口，从正红门开端，经统一的神道石像生、碑亭及华表，然后分达各陵区。其布局顺序为：五孔石券桥、牌楼、碑亭、三孔券桥，大月台、宫门、隆恩殿及左右配殿，而后为石平桥、月台、琉璃门、五供、方城（上立明楼）、月牙城、宝城、宝顶。

皇帝、皇后、亲王、公主、嫔妃的陵制级别相当严格，形成了一套程式化的规则。

3. 列入理由

●意义

清西陵4座皇帝陵，3座皇后陵，3座纪园寝，4座王爷、公主、阿哥园寝共14座陵寝和2座附属建筑（永福寺、行宫），是中国陵寝建筑艺术的重要组成部分，也是中国两千年来陵寝建筑艺术上辉煌壮丽的一页。清西陵始建于1730年（雍正八年），历经18世纪中叶至19世纪初，余绪延至民国年间。清西陵是中国清朝前期、中期、晚期陵寝建筑艺术的代表作品。4座帝陵建筑规模宏大、布局合理、宫殿辉煌、石雕精美、形式多样、内涵丰富、保存完整；后纪园寝严格按照封建等级制度的规格建造，虽久经大自然的风雨剥蚀，其规模与原貌仍存。亲王、公主、阿哥园寝大部保存相当完好，行宫、永福寺虽历经沧桑，但也比较完整地保存下来，从而使清西陵成为保存最为完整的清代陵寝之一。清西陵以大量的实物形象和文字史料从不同侧面展示了18世纪30年代至20世纪初期中国陵寝建筑艺术风格及皇家宗教信仰的重大发展、变化，对中国古代陵寝建筑艺术的创新与发展有重要贡献，具有清代以前各代陵寝建筑不可替代的历史、艺术、科学和鉴赏价值。

●比较分析

中国的古建筑在中国这一特有的自然条件和民族文化影响下，经历了几千年的自然演变和经验积累，逐步形成了一个独特的建筑体系，创造了无数优秀作品，并且对邻近国家的建筑产生过深远的影响，成为世界建筑宝库中的一份珍贵遗产。清西陵的古建筑群的形成正处于中国古建筑艺术的最鼎盛时期，集中体现了以木结构为主体的中国古建筑的最高水准。特别是其大木结构、斗拱、石雕、木雕、完善的排水系统等，实为中国古建筑艺术的精美杰作。

清西陵4座帝陵附属陵寝的建筑无论在规模和形制上，都反映了清王朝由盛至衰的演变过程。泰陵、昌陵完整宏伟的陵寝规模，反映了清王朝鼎盛时期的辉煌，慕陵建筑的裁减（清朝陵寝中第一个裁去圣德神功碑楼、石像生、明楼、宝城等）、崇陵陵寝规模的减小，真实地记录了清王朝从强盛走向衰亡，由封建社会走向半封建、半殖民地的历史轨迹。而葬在清西陵崇陵及其纪园寝的清朝末期人物光绪皇帝和珍妃的命运，更记录了慈禧皇太后独霸朝廷、丧权辱国、祸国殃民的历史。而末代皇帝爱新觉罗溥仪的寝宫工程由于清王朝被推翻而终止，更是中国几千年封建历史结束的实物例证。就保存状况而言，清西陵是中国陵寝建筑群中保存最完整的陵寝之一。

如泰陵作为典型的清式宫殿式建筑群，不但更注重以最完美的融山水环境、人文景观为一体的中国“风水”相法为选址依据，形成山形河流作为“风水”中强调的靠山、案山、照山，龙脉和水口、建筑与整体布局也最为完整与巧妙，更加注重实用性；建筑风格与规制更加精美豪华，使之更具有观赏性。并由于雍正皇帝在西陵首建泰陵，从而产生了“昭穆相间的兆葬之制”（由于世宗雍正皇帝首先在西陵建陵后，其子高宗乾隆皇帝认为如自己也随其父在西陵建陵，会使已葬于清东陵的圣祖康熙皇帝、世祖顺治皇帝受到冷落，如果在东陵建陵，同样又会使其父雍正皇帝受到冷落。为解其难，乾隆皇帝定下制度，即从乾隆以后各朝皇帝建陵须遵循“父东子西，父西子东”的建陵规制，如父亲葬东陵，则儿皇帝葬西陵，父葬西陵，则儿皇帝葬东陵，称之为“昭穆相间的兆葬之制”）。这种墓葬制度形成了清东陵、清西陵现有的格局，也形成了清东陵、清西陵两大陵墓群与中国明朝以前历代皇家陵寝建陵制度的根本不同。

●真实性及完整性

清西陵 14 座陵寝及 2 座配属建筑群中 4 座皇帝陵、3 座皇后陵、3 座纪园寝、1 座王爷园寝、1座水福寺、1 座行宫等 13 座建筑群保存完好。中华人民共和国成立后，1961 年 3 月 4 日清西陵被列为全国重点文物保护单位，1954 年成立西陵文物保管所后，在日常维修保护中，严格遵守“不改变原状”（即尽最大努力保存文物的真实性）的原则，以确凿文献和档案资料为依据，其设计、材料、工艺、布局等方面均保持了历史的真实性，未增加一座建筑，从主体建筑，大木结构、规制，甚至连门窗格扇等都保持原状，成为修缮、参观清代陵寝的样本。在对清西陵建筑主体进行保护的同时，亦注重其周围环境的保护，基本上没有改变其环境，15000 余株古松柏林的完好保存又是清西陵环境风貌的真实写照。因此，从总体上看，清西陵这处古建筑群较好地保持了历史的规模、原状和风貌。

4. 依据标准

●清西陵是一件精美的艺术杰作

清西陵规模宏大、内涵丰富，其建筑技艺之精湛、品种之齐全，在中国皇家陵寝建筑中绝无仅有。泰陵是清西陵中建筑最早、布局与形制最符合中国的“风水”观，规模最大、功能最完备的帝陵。泰陵前 3 座精美的石牌坊和大红门构成西陵的总门户。昌陵建筑与泰陵规制相同，但其隆恩殿内以花斑石漫地非常独特，有“满堂宝石”之誉；慕陵隆恩殿、配殿建筑木构架均为楠木，并以精巧的雕工技艺雕刻出 1318 条形态各异的蟠龙和游龙。崇陵殿宇木构架均为钢铁木，质地坚硬，被称为铜梁铁柱，其地宫内的石雕佛像精美无比。永福寺、行宫和亲王、公主园寝则是清陵建筑中完整保存的珍品。整个清西陵气势磅礴，雄伟壮观，实为中国陵寝古建筑中的精美杰作。

●清西陵是中国陵寝建筑最具特色的例证

清西陵402座古建筑，基本上是相沿明代帝后纪陵寝建筑样式修筑而成，它依据清宫式做法，在严格遵守森严等级制度的同时，又不拘泥于典制，具有很强的创造性。大红门前石牌坊一改历代皇家陵寝均设1架的规制而增加至3架，在用料、工艺上更细腻、精美；慕陵殿宇的楠木雕刻已突破了其他清陵油饰彩绘做法，采用在原木上以蜡涂烫，壮美绝伦。自道光（1821年）始，在陵寝建筑上稍有衰落，但是裁撤石像生、圣德神功碑亭、明楼、方城等建筑和以石牌坊代替琉璃门，又形成了一个小巧玲珑的新模式。昌西陵罗圈墙及宝顶前神道产生回音效果，隆恩殿内藻井独有的丹凤彩绘，又成为中国陵寝建筑的一个特殊例证。正由于清西陵拥有众多的独到之处，从而成为清代陵寝建筑最具特色的例证。

●清西陵古建筑及环境具有一定脆弱性

清西陵的古建筑以木、石、砖为主要建筑材料，大木结构易腐朽、易燃烧，砖石结构又易风化、侵蚀，围绕陵墓的高火险等级，古松柏对陵寝构成了较大的威胁；另外，随着周边工农业的发展，如若控制不当，又会对陵寝造成人为的不良损害。因此，清西陵作为人类的文化遗产又存在明显的脆弱性。

●清西陵体现了清王朝信仰佛教的例证

永福寺是一座专门为陵寝祭祀而修建的皇家御用喇嘛庙，是清代皇帝尊崇喇嘛教的充分体现。在中国2000多年的陵寝建筑史上，由于清东陵的隆福寺及明代帝王陵寝中的佛寺都已不存在，清西陵的永福寺成为明、清皇家陵寝御用寺庙的孤品。同时，永福寺的保存也为清王朝尊重、信仰藏传佛教提供了实物例证。

综上所述，清西陵完全符合世界文化遗产名录标准Ⅰ、Ⅲ、Ⅳ、Ⅴ、Ⅵ。

5. 批准时间

2000年11月，联合国教科文组织根据第24届世界遗产大会的决议将清西陵与清东陵、明显陵一道以中国明清皇陵的名义列入《世界遗产目录》。

6. 世界遗产委员会评价

明清皇家陵寝依照风水理论，精心选址，将数量众多的建筑物巧妙地安置于地下。它是人类改变自然的产物，体现了传统的建筑和装饰思想，阐释了封建中国持续五百余年的世界观与权力观。

引自《世界文化遗产——明清皇陵》，人民网。

（四）涞源明长城和直隶总督署及相关建筑群凭什么申报世界遗产？

1. 明长城涞源段

（1）坐落位置

涞源乌龙沟长城

涞源县位于保定市西部太行山区，西北东南分别与山西省灵丘县、广灵县，河北省蔚县、涞水县、易县、阜平县为邻。明长城涞源段呈东北西南走向，东北自涞水县金水口城堡入境，至涞源南马庄狼牙口的香炉石村入山西灵丘县上寨出境，现存长城遗存全长116.5千米，其中城墙83.5千米，山险33.8千米，敌楼264座。代表涞源明长城申报纳入世界文化遗产的长城段落为明长城涞源乌龙沟段。起点涞源县乌龙沟堡北，地理坐标114°58′20.0″E，39°32′32.1″N，高程1498米；终点在隋家庄村东，地理坐标114°52′44.3″E，39°25′50.5″N，高程953米。此段长城全长20656米，其中山险224米、河险63米、墙体20369米。

（2）历史特色

涞源浮图峪长城

据碑刻记载，涞源段明长城修建于万历元年至十一年（1573—1583年），属真保镇管辖，称为“次边”，是为防止北方游牧民族南下而修建的一道军事防御工事，如今历经400多年仍然大部分保存完整，个别地段保存十分完整。按长城敌楼砖石文字显示的城防隶属关系编号，涞源明长城分为乌龙沟段“乌”字号长城、浮图峪段“浮”字号长城、宁静安段“宁”字号长城、白石口段“白”字号长城、插箭岭段“插”字号长城、狼牙口段“茨”字号长城和独山口段长城。这些段落的长城分别被国务院公布为第五批、第七批和第八批全国重点文物保护单位。

涞源白石口长城

（3）申报理由

其一，保存完好、结构完整，在明长城防御体系中具有代表性。涞源明长城是全国长城中原生历史状态保存最为完好的地段，境内全部长城地段均被列入全国重点文物保护单位，这在全国是罕见的。乌龙沟段长城原生态的完好度堪称全国少有，具备申报世界遗产所要求的真实性和完整性。涞源长城主要由城墙敌楼、关城（城堡）、关隘、战台、烽火台、马面等构成，军事防御体系完整。其中宁静安城堡是少见的修在山顶的长城城堡。

其二，功能地位独特，是明代长城防御体系中的重要组成部分。明太宗永乐十九年（1421 年）迁都北京后，多位明帝为保护自身和维护边境安定的安全而沿太行山在山西、河北一段加建内长城，作为拱卫京师的第二道防线也是最后一道屏障。涞源明长城东北西南方向连接长城著名的紫荆关和倒马关，是内长城的重要地段和代表。

其三，地理界限分明，是两大文明的交融处。涞源长城分布在中国地理第二阶梯黄土高原与第三阶梯华北平原的分界线即太行山上，年降水量 400 毫米。这条地理分界线，划分了半湿润气候区和半干旱气候区，也划分了游牧文明和农业文明。因此涞源长城地带是高原游牧文明和平原农耕文明的交流融合处，故历史上著名的连通华北平原与黄土高原、蒙古高原的交通要道“太行八陉”中的飞狐陉、蒲阴陉经过此处。

其四，中国抗战的重要战场，是第二阶段长城抗战的主场。1933 年中国军队的抗战发生在东起山海关西止古北口的分布于燕山的外长城上，七七事变后，中国军队的长城抗战则发生在分布于太行山的内长城沿线。击毙日寇名将阿部规秀的雁宿崖 - 黄土岭战役及东团堡战斗发生在涞源长城地段。以城南庄为核心分布在太行山长城两侧的晋察冀抗日根据地对世界反法西斯战争作出了重要贡献。

（4）依据标准

遴选依据：文化遗产（I）（II）（III）（IV）（VI）。涞源明长城符合列入世界文化遗产名录标准的第 1 条、第 2 条、第 3 条、第 4 条和第 6 条标准。

（5）综合评价

世界遗产委员会对长城的评价：约公元前 220 年，一统天下的秦始皇，将修建于早些时候的一些断续的防御工事连接成一个完整的防御系统，用以抵抗来自北方的侵略。在明代（1368—1644 年），又继续加以修筑，使长城成为世界上最长的军事设施。它在文化艺术上的价值，足以与其在历史和战略上的重要性相媲美。

涞源段明长城是明代整体长城防御体系中的重要组成部分。境内的乌龙沟段长城是全国长城历史状态和所依存的生态环境保存最为完好的地段，较为完整地保留了长城的历史文化信息。涞源县境内全部明长城地段均被列入中国中央政府公布的全国重点文物保护单位，为全国罕见。

（6）申报路径

作为世界文化遗产——万里长城的拓展项目，申请认定为万里长城 - 世界文化遗产的标定段。

2. 直隶总督署及相关衙署历史建筑群

（1）坐落位置

直隶总督署及相关衙署历史建筑群坐落于河北省保定市莲池区，包括如下历史建筑：直隶总督署（地理坐标 115°29′26.9″E，38°51′32.2″N）、清河道署（地理坐标 115°29′08.7″E，38°51′17.8″N）、淮军公所（地理坐标 115°29′00.4″E，38°51′21.2″）、直隶审批厅（地理坐标 115°29′16.0″E，38°51′55.0″N）、莲池书院（地理坐标 115°29′35.0″E，38°51′26.9″N）、光园（地理坐标 115°29′22.3″E，38°51′31.9″N）。这些衙署历史建筑与临近的历史文化街区东大街、西大街、钟鼓楼和大慈阁寺庙构成了保定获批中国国家历史文化名城称号的主要历史文物支撑。

（2）文化特色

◎直隶总督署，又称直隶总督部院，是中国一所保存完整的清代省级衙署。原建筑始建于元，明初为保定府衙，明永乐年间改作大宁都司署，清初又改作参将署。1730年（清雍正八年）经过大规模的扩建后，总督唐执玉将直隶总督部院移驻于此，历经雍正、乾隆、嘉庆、道光、咸丰、同治、光绪、宣统八帝，可谓是清王朝历史的缩影，曾驻此署的直隶总督共66人84任，如曾国藩、李鸿章、袁世凯、方观承等，直到1912年清朝末代皇帝逊位才废止，有“一座总督衙署，半部清史写照”之称。清朝灭亡之后，这里先后为直隶督军署、直鲁豫巡阅使署、河北省人民政府等机关所在地。直隶总督署严格按照清制修建，东西广约130米，南北深约220米，占地总面积30000平方米。以更道相隔，衙署分为东、中、西三路，主体建在南北向的中轴线上，即中路包括大门、仪门、大堂、二堂、官邸、上房等，并配有左右耳房、厢房等，三开间的黑色大门上方，悬挂雍正皇帝手书“直隶总督部院”匾额，封闭式的格局和威严的气氛给人一种望而生畏的感觉。其他辅助建筑等如花厅、幕府院等分列在东西两路。这些建筑均为布瓦顶、小式硬山建筑，是一座典型的北方衙署建筑群。

直隶总督署（许宣摄）

◎淮军公所，全称“淮军昭忠祠暨公所”，地处保定市环城西路220号，是李鸿章任直隶总督兼北洋大臣后，于光绪十四年至光绪十七年（1888—

淮军公所

1891年）经专折奏准，奉诏修建的“淮军昭忠祠”及“公所”（淮军办公驻地）合一的建筑群，并兼有安徽会馆之功能。李鸿章死后改为李鸿章祠堂。淮军公所整体呈不规则矩形，南北长200米，东西宽140米，建筑面积约5000平方米，占地约28000平方米，是一座具有南方和北方风貌的混合建筑体。此祠是继苏州、无锡、武汉之后为祭奠在战斗中阵亡的淮军将士修建的第四座“昭忠祠”，也是规模最宏大的一座。

◎清河道署，位于保定市兴华路3号，是全国保存较为完整的清代道台衙门，现存建筑面积1840平方米，建筑保存完好，仍保留着清末官宅的特色。清河道署分东、中、西三路，南北方向的主轴线全长160余米。清河道辖保定、正定、河间三府，易、冀、赵、深、定五直隶州，清河道台是省与府州之间主管河务的地方长官。清河道署是清河道台的办公之所，历史内涵丰富。清代清河道员在历史上多为政清廉，有所作为。据记载，清代雍正、乾隆、嘉庆、道光、咸丰、同治、光绪各朝，共有111位清河道员在此任职，其中有方观承、周元理、刘峨、周馥、杨士骧等9人直接升任为直隶总督。

清河道署

◎莲池书院，位于保定市裕华西路160号，与直隶总督署南北相遥对望，因建于莲花池而得名。莲池书院，又称“直隶书院”，雍正十一年（1733年），由时任直隶总督的李卫奉旨创办，随后逐渐发展成为中国北方最高学府。中国最后一个科举状元刘春霖也出自莲池书院。莲花池，始建于1227年，元代以后因地震严重损毁，明朝嘉靖年间得以修复，并在池的四周种植柳树，修建了亭台围墙。清代曾对莲池进行过三次大规模的整建和重修，建有假山古柏、奇花异石、亭台水榭，参差错落，构成了著名的莲池“十二景”。莲花池是中国十大名园之一。清康熙、乾隆两朝，大力营造宫苑，到乾隆时期达到极盛。乾隆曾在这里召见直隶总督署官员，赐“御书明职”，君臣吟诗和唱，留下大量石刻、碑刻、法帖。

古莲花池（佟忠生摄）

◎直隶审判厅，位于保定市北市区法院西街东侧，清光绪三十三年（1907年）开工建设，至宣统二年（1910年）投入使用。该厅建筑分为两座，一座是天井式二层楼房，包括南楼、北楼、东配楼、西配楼，有内外回廊，东、西、北三面有砖砌围墙，至今保存完好。直隶审判厅是中国从封建司法制度向近代司法制度演变的重要节点，在中国法制史上弥足珍贵。

◎光园，位于河北省保定市莲池区永华南大街465号。民国五年（1916年），曹锟对明代大宁都司右卫署和断事司进行大规模改建、装饰，因曹锟敬慕抗倭名将戚继光，故改名为光园。光园主体建筑是表为单层实为双层的四阿式顶工字形建筑，高7～8米，有大小房屋21间。主建筑正门建于高台基之上，门上部有拱形石雕花，下部两侧以石柱体支撑。建筑的东、西两端，是具有西方特点的尖顶圆柱体式房间。光园是具时代特色的建筑，在中国近代史上占有重要地位，对于研究中国近现代历史有一定的价值。

（3）申报理由

其一，直隶总督署等六处建筑遗存均被国务院列为全国重点文物保护单位，属于中国国家级文化遗产。

其二，直隶总督署等六处文化遗产集中反映了保定作为中国清代至中华民国初年地位最为显赫的省级行政区直隶政治、军事、司法、教育、河务管理等方面的行政治理架构，是中国古近代社会治理体系的标本。

其三，直隶总督署等建筑与北京故宫、河南南阳府衙、山西霍州州衙、河南内乡县县衙，共同构成了中国古代最为完整的从中央到地方的五级官衙文化体系，是中国乃至东亚古代政治文明的历史见证。

（4）依据标准

遴选依据：文化遗产 C（III）（IV）。直隶总督署等六处文物遗存符合列入世界文化遗产名录标准的第 3 条、第 4 条标准。

（5）综合评价

直隶总督署及附属军事、司法、教育、河务等机构建筑群在保定完整地遗存，承载了保定作为清代和民国时期直隶省政治、军事、文化中心的重要历史信息，也直接诠释了中国古代国家治理体系的诸多方面，“一座总督署，半部清朝史”，直隶省总督署及附属机构建筑群对中国一段历史及其文明进程的见证意义是独特的，对于比较研究东西方的政治文明发展历史也具有重要意义。

（五）申报世界遗产要准备的文件和要经过的程序有哪些？

见《实施〈世界遗产公约〉操作指南》（中文版）WHC，17/01，联合国教育科学及文化组织、保护世界文化与自然遗产政府间委员会、世界遗产中心 2017 年 7 月 12 日公布，中国遗产保护协会翻译。

三、保定有哪些惊叹全国乃至世界的考古发现？

（一）何谓国家重大考古发现？

被列为国家级重大考古发现的项目，一是要具有重大的科学价值和意义，二是在国内外产生过重大的社会影响，三是在中国考古学史上具有重要的地位和作用。

（二）保定境内被国家列为重大考古发现的有几处?

2001 年 3 月 29 日，新华社向全球播发消息，由中国社会科学院主办的权威考古学刊物《考古》杂志和 8 个国家级文物考古机构，28 个省、市、自治区和香港特别行政区的文物考古机构，11 所重点大学的考古文博院、系共同评选的“中国 20 世纪 100 项考古大发现”公布。

中国 20 世纪 100 项考古大发现评选，评选范围为 1901—2000 年间中国（含香港、澳门特别行政区和台湾省在内）的重大考古发现。

在所评选公布的 100 项重大考古发现中，河北阳原泥河湾旧石器时代遗址群的调查与发掘，河北易县战国时期燕下都遗址的勘探与发掘，河北平山战国时期中山王墓的发掘，河北满城汉墓的发掘，河北临漳曹魏、北朝邺城遗址的勘探与发掘入选，按时代先后分列 6、56、59、56、77 位，其中燕下都遗址和满城汉墓遗址坐落在保定境内。

（三）燕下都遗址和满城汉墓是怎么被发现和发掘的?

1. 燕下都遗址

燕下都遗址，第一批全国重点文物保护单位，古遗址类，编号 150/15，1961 年 3 月 4 日国务院公布。时代：战国。地址：河北省易县。地理坐标

燕下都遗址（燕下都文保所提供）

115°31′17.2″E，39°19′05.9″N。

燕下都遗址位于易县县城东南4千米处，是战国中晚期燕国都城遗址。

周武王灭商后，封召公于北燕，此后都于蓟（今北京房山区琉璃河董家林古城），即燕上都，后迁于此，为燕下都。该城繁荣时间主要在燕昭王（前311—前279年）时。公元前222年秦灭燕，下都废弃。

大约道光、咸丰年间，这里曾陆续出土过数以万计的燕国刀币。光绪十九年（1893年），这一带还曾出土记载“齐侯嫁女于燕”铭文的“齐侯四器”。民国三年（1914年）的农历五月初五端午节，家住北董村（今河北保定易县北东村）的一位薛姓农民，在燕下都老姆台东侧取土，挖出了一件残损的青铜翼龙，龙身上铸满了精美的花纹，人们争相观看。由于与明清时代龙的形象相差比较大，大家不认识，都说挖出了“小金牛”，并很快引来文物

燕下都遗址（燕下都文保所提供）

贩子的争抢，在混乱中，龙的尾部残损遗失。后来，这件青铜瑰宝出售给了比利时人斯托莱克，从而流失海外。大约15年后的1929年，著名方志学家傅振伦在调查燕下都遗址时曾经详细了解过这件事情的原委。和安阳的甲骨、斗鸡台的铜器一样，燕下都遗址在正式考古发掘前，就常有古物出土，一些村民便转售获利。燕下都遗址1893年出土的“齐侯四器”、1914年出土的铜龙，都在转售中流失国外。

鉴于这种情况，著名金石学家、篆刻家，时任北京大学研究所国学门考古研究室主任的马衡教授为防止燕下都遗址被盗掘破坏，与时任河北省教育厅厅长的沈尹默协商，决定把河北作为北大的考古发掘基地，首选发掘对象就选在了燕下都遗址，倡议在对遗址加以保护的同时，进行勘察和小规模发掘。

1930年4月27日，“燕下都考研团”首先对燕下都遗址东北的老姆台进行了调查和发掘，这是对燕下都遗址最早的科学考古活动，也是我国从金石学研究转向野外科学考古的早期探索之一。

中华人民共和国成立以后，古老的燕下都遗址得到良好的保护和科学发掘。1961年，国务院将燕下都遗址列为第一批全国重点文物保护单位。随后，河北省文化局文物工作队组建了燕下都“四有”工作组，新中国成立后燕下都的全面勘察和重点发掘工作随之展开。著名文史学家史树青、考古学家石永士先后主持了燕下都的考古发掘工作。

1966年2月间，易县练台村第五生产队一位年轻的女社员在农田里除杂草时，锄头意外被硬物钩住，拨开杂草，她发现了一件包裹着绿色土锈的奇怪物件。她叫来队长，两人把这个“大家伙”放在盛杂草的筐里，送到了当时的河北省文物工作队燕下都工作组。这件沉重而精美的青铜器，令现场所有考古工作者大吃一惊。原来，它是宫殿大门上的门环和铺首。这是目前发现的此类文物中体量最大的，是当之无愧的“铺首之王”。如今，这件被命名为“透雕龙凤纹铜铺首”的青铜器是河北博物院的十大珍宝之一。此外，燕下都遗址还曾出土铜立人、人物鸟兽阙状方形饰件等精美的青铜器，如今，它们一起陈列在河北博物院内。

1973年4月，易县原百福公社东斗城大队第五生产队，在燕下都第23号遗址南部挖沟时，挖出铜戈百余件。在进一步调查发掘中，共收集铜戈108件，铁锄、铁镰、铁削各1件。其中有85件铜戈上刻有燕王名字的铭文，这为研究燕国的官制、兵制以及确定燕王的名字提供了难得的实物例证。44号墓出土兵器92件，主要为铁质兵器，但其中13件钢质兵器，经过测定发现，这些出土钢剑的硬度，竟已超过今天一般斧子刃口的硬度！证明当时燕国已经掌握了使铁变钢的淬火工艺，这将史籍所载古人掌握清火淬其锋技术的时间提早了两个多世纪。

燕下都的考古发掘一直持续到20世纪90年代。

经考古发掘研判，燕下都位于北易水和中易水之间，呈不规则长方形，东西约8千米，南北约4～6千米，总占地面积约35平方千米。中部有运粮河纵贯南北，河东侧一道隔墙，将城分为东西两城。运粮河以西称西城，是为加强东城的安全而设的防御附城；运粮河以东称东城，是当时人们聚居和生活的中心。城北、城南分别有北易水、中易水蜿蜒流过，城东、城西引易水河水修建护城河，形成城墙加河道两道防御工事，地理位置优越。

东城可分为宫殿区、手工业作坊区、市民居住区、古墓葬和古河道五大部分。宫殿区在城址东北部，由三组建筑群组成，以武阳台为中心。手工业作坊区围绕宫殿区，分布在由西北到东南的弧线上，包括制兵器、冶铁、铸币、制玉、骨器和陶器等行业。居住区在东城的西南、中、东和东北各部。作坊和居住遗址发现了30余处。墓葬区设在西城和东城西北。西城墓区的墓葬有高大封土，属王侯墓。东城南墙外是贫民墓和丛葬墓。古河道和城壕有5条，可见当时城内河网交织。

遗址中出土了许多战国铁农具、青铜兵器、铁质兵器、夹云母红陶器、燕国刀币等。在宫殿台基周围发现了大量陶质泄水管道和瓦当。这里的瓦当较当时其他列国宫殿的同类物品更厚重和讲究。

燕下都距今已有2000余年，现在地面上可见城墙、台基和墓葬封土，是一处反映战国时期城市发展的代表性城址，也是目前为止发现的战国时代最大的都城遗址。

2001年3月29日，燕下都遗址入选“中国20世纪100项考古大发现”，同年，中国国家文物局又将其列入百项重大遗址保护项目。

2. 满城汉墓

在中国考古史上，位于河北省保定市满城县西南1.5千米陵山上的满城汉墓，公认是一个重量级的发现。满城汉墓地址：保定市满城区西郊，地理坐标：

满城汉墓

满城汉墓发现记碑

115°29′15.9″E，38°56′52.2″N。

满城汉墓，即西汉中山靖王刘胜及其妻子窦绾的墓葬，亦是中国目前保存最完整的山洞宫殿。其“以山为陵”的营建理念，将西汉王族的宫殿“搬运”到墓葬里，陆续发掘出土的1万多万件文物，特别是诸如“金缕玉衣”“长信宫灯”“错金博山炉”“计时器铜漏壶”等重大发现，不但件件惊艳了世人，更原汁原味地呈现了西汉王朝的生活百态，考古价值十分巨大。

而如此重大的发现，说起来，却是由于1968年的一场意外。

1968年5月22日，中国人民解放军北京军区工程兵第六工区165团机械连，奉命在满城县郊外的陵山上开凿防空洞。当天带队的六班班长吴家高，发现距离山顶30米处右侧炸开了一个直径20厘米的小洞。好奇的吴家高试着砸了下，竟砸开了直径1米多的大洞。吴家高沿着洞口顺下去，惊见洞里面放置着很多盆盆罐罐。他没有犹豫，出洞后就立刻报告了。

吴家高报告后，正执行作业的部队，果断暂停了所有施工。河北省政府和北京军区，也分别迅速向中央作出报告。不久后，北京军区与河北省组成的联合调查组进入洞穴，确认洞中吴家高看到的“盆盆罐罐”正是汉代的陶壶、陶罐、漆器等物件，呈现在调查组眼前的，还有车辆、马具等物件，以及一个庞大的地下宫殿群。

1968 年 6 月 22 日，中国考古史上一次无比特殊的发掘：满城汉墓的发掘开始了。比起许多被媒体铺天盖地报道的考古发掘，满城汉墓的发掘，却是在十分低调的状态下进行的：中国科学院、河北省文物管理处、解放军工程兵组成考古发掘队，全程的交通与安保都由河北省军区负责，甚至为了安全与保密，考古队的五卡车文物，都是由驻军起出装箱，再送到考古所。

正是在这低调的过程里，考古队一次次经历了震撼的发现：整个墓室长 51.7 米，最宽 37.5 米，最高 6.8 米，如宫殿一样分成 6 个部分，俨然一座王族宫室。其后室中间位置的汉白玉石门，需要按动石槽上的机关才可打开。后室除了有铠甲、武器等文物外，更有以金丝连缀玉片制成的“金缕玉衣”。这个常见诸典籍甚至古人诗词的汉代奢侈品，以往只在其他墓葬出土过散乱残片。这一次，却是历史上第一次，出土了 2000 年前的“完整款”。

在经历了一次次的震撼后，考古队也终于根据墓室里青铜酒器上的字样，确认了这个汉墓主人的真实身份，即西汉景帝之子，汉武帝的异母兄，中山靖王刘胜。

如果说刘胜的墓葬，是个“炸”出来的意外，那么满城汉墓的另一个重要部分，刘胜妻子窦绾的墓葬，则来自科学的推算。考古队发现，距离一号墓（刘胜墓）北面百米的山面上，其岩层也有动过的痕迹。经验告诉他们，这里很可能也有新的墓葬。于是，一号墓发掘结束六天后，即 1968 年 8 月 8 日，考古队开始了第二阶段的发掘，终于准确找到了墓道，成功进入了窦绾墓（二号墓）。

在窦绾的墓葬里，考古队不但发现了大量汉代的女士用品，更收获了重磅惊喜：曾在一号墓里惹得考古队欢呼的“金缕玉衣”，二号墓里竟然也有一件。与刘胜的玉衣一样，窦绾的玉衣也是以美玉为料，编成一个个精美玉片，

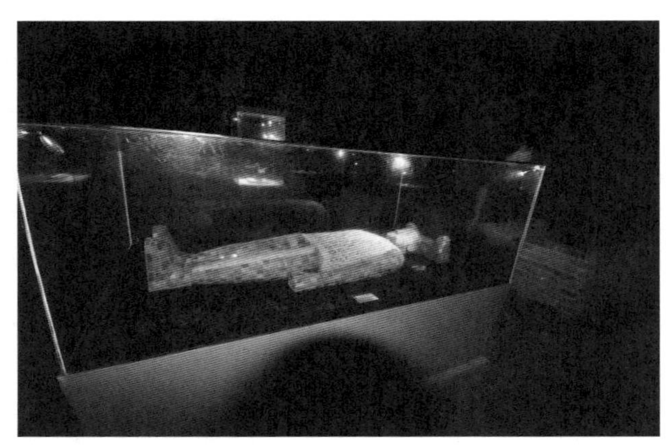
满城汉墓金缕玉衣

再由 0.08 ～ 0.5 毫米的金丝编织成玉衣，每一道工序，都见证着西汉强大的纺织工艺。

（四）燕下都遗址和满城汉墓的发掘成果告诉我们什么？

1. 燕国是一个国力强盛、与周边各国经济文化交流频繁的国家

（1）战国最大的都城。燕下都遗址无论从宫殿规模，还是出土文物的考古价值和精美程度，燕下都都应该是一座国都。武阳城周长达到了 25000 米之多，城北是燕国的宫殿区，四周环以各种官营手工业作坊，市民住在离宫殿区较远的区域。武阳的内城凿有四条河道，既护卫了宫殿，又解决了武阳城的供排水问题。整个城市布局合理，充分反映了战国时期燕国统治权力的强大和社会经济的高度发展。

（2）国内外贸易发达。燕下都共出土了燕刀三四吨，新中国成立后经整理，发现完整的就有 4000 余枚。周边齐、赵、韩等国，均没有如此大量的本国货币出土。由此可以推测，当时燕国的国内贸易相当发达。而且，在燕下都遗址内，考古工作者发现了多处燕国铸钱作坊的遗迹。在作坊中发掘出的，不仅有燕国常见的刀币，还有仿制的邻国赵国的货币“安阳布”。在中山国和韩国境内，也出土了仿制的燕刀。这说明，当时燕、赵、韩、中山各国之间的“双边和多边贸易”已经达到了很大的规模。

（3）生产技术先进。燕国拥有战国时期最为先进的冶铁技术和农耕技术，推动了燕国农业的大发展，使得燕国经济能与中原大国媲美。铁农具出现于春秋，普及于战国，无论是制造技术还是普及程度，燕国均位于诸侯国前列，甚至在某些方面成为翘楚。燕国农业耕作技术也很先进，他们利用境内水资源丰富的长处，注重水井的挖掘与利用，并使用了井上汲水工具“桔槔”。燕国在农业生产中推行“垄作耕法”和“粪田”，促进了粮食的增产，亩产在 150 斤以上，超过了当时大多数国家。所以燕国能够有多余的余粮，可以做到“粟支十年”。近年在燕下都遗址出土了战国时期燕国的多个大型粮仓遗址，就是燕国粮食充沛的有力证据。

（4）军队战斗力强。在燕下都 44 号墓出土的遗物中，发现了一具系以皮条穿缀铁札叶而成的“铁兜鍪”。它由 89 片铁札叶组成，高 26 厘米，宽 24 厘米，顶部是用两片半圆形札叶合缀成的圆顶，其下用七层长方形的札叶

自顶向下编缀而成，每片札叶都是 4 厘米 ×5 厘米的规格，是中国发现的最早的铁制铠甲。在冷兵器时代，铁制铠甲对战士的防护作用之大，不言而喻。所以燕国军队数量虽然不是特别多，但是战斗力强，伤亡率也很低。

2. 强大的汉朝有着许多领先世界的技术

成功发掘的满城汉墓，以其 1 万多件出土文物以及珍贵的墓葬遗址，填补了历史考古的多项空白。包括“金缕玉衣”“长信宫灯”“错金博山炉”“朱雀衔环杯”在内的国宝级各类奇特文物，今天还常在网络上爆红，受到许多“文物粉”的追捧。但如果说这类“爆红”文物更多的是缩影了汉朝王室奢靡的生活，那么满城汉墓里，还有一些“低调”文物，却见证了汉王朝，甚至中国古代强大的缘由。

（1）领先世界的冶炼技术奠定了汉朝击败匈奴的物质基础。一号墓（刘胜墓）出土的 9 把铁剑，剑身平均长度都在 85 厘米以上，不但做工精美，其刃部更采取了局部淬火技术。整个剑身是以一块炼渗碳钢多次加热锻打而成。这也意味着，汉代中国的炼钢与淬火工艺，已经前行了一大截。同时代的罗马学者普林尼感慨：“虽然铁的种类很多，但没有一种能与来自中国（汉朝）的钢相媲美。”这遥遥领先的冶炼技术，推动了同时代汉王朝的军工革命。同时期的西汉军队，大量装备铁制兵器。西汉长安武库遗址出土的兵器，已基本以铁制为主。全面“换装”的汉军，加上卫青、霍去病等杰出的军事统帅，这才在与匈奴交战的战场上华丽转身，打出一次次追亡逐北的辉煌，打出了大汉天威，奠定了汉民族国家的基本地域，正式开辟了丝绸之路，让大汉民族和汉文化的影响力远播东亚、中亚和中东。

（2）精致美丽的漆器曾引领世界奢侈品潮流。满城汉墓里另一个发现：漆器，却有着超越历史的意义。中国是油漆技术的故乡，长沙马王堆汉墓里的精美漆器，曾让多少观众叹为观止。相比之下，满城汉墓里的漆器，乍一看很“减色”，虽然在一号墓的后室与中室，也有大量漆器出土，但由于环境原因，大多漆器都已只剩了残片，但这些漆器残片，既有褐色漆，也有朱红色漆，素面还有黑褐色残存的色彩，足以遥想这些器具昔日的精致美丽。它告诉我们从两汉时代起，中国的漆器工艺进入腾飞阶段，漆器成为王公贵族们的专享奢侈品。中国油漆的技术在两汉定型，随后的千年里，漆器渐渐从宫廷走向民间。甚至随着“陆海丝绸之路”的繁荣，成为古代中国重要的

“出口宝货”。朝鲜、日本、缅甸、印度等国，中世纪时就引入了中国的漆器工艺，更远的西欧国家，也在16世纪起大量引进中国漆器。中国漆器特有的桐油涂料，更曾是近代世界的“战略物资”。精美的漆器画面背后，是古代中国传承不息的智慧探索。

（3）满城汉墓中的文物还创造多项全国之最。4枚金针、5枚银针、“医工盆”以及小型银漏斗、铜药匙、药量、铜质外科手术刀等组成了迄今发掘出土的质地最好、时代最早、保存最完整的一整套西汉时期医疗器具；计时器铜漏壶是迄今出土的年代最早的一个古代天文学器物；一个由石磨和大型铜漏斗组成的铜石复合磨，是中国至今所见体积最大、时代最早、设计科学、构思奇妙的铜石复合粮食加工工具；500多件兵器中，有中国最早采用刃部淬火新工艺的铁剑，而刘胜的铁铠甲，也是迄今考古发掘中所见到的保存最完整的西汉铁甲；一件玻璃盘和两件玻璃耳杯是迄今考古发现最早的国产玻璃容器。

四、保定人对燕文化的形成和传承有哪些贡献？

河北省行政区域因先秦战国时代主体曾为燕国和赵国属地而被称作燕赵大地。作为河北省地理中心的保定则处于燕国和赵国的结合部，是为燕南赵北之地。

在文化传承方面，从地域覆盖、文化传统和居民性格特征而言，保定人更多体现燕文化的特征。

（一）何谓燕文化？

燕国是先秦时期建国最早、存在最长久的诸侯国。燕国地域大致相当于现在的河北省北部、北京市、天津市和辽宁省的中西部。鼎盛时期，燕国的国土面积约20万平方千米。燕国先后设都于蓟（燕上都，今北京市房山区琉璃河镇）和武阳（燕下都，今河北省保定市易县高陌乡）。燕国疆域是一个不断变化的过程，燕域内形成的最稳定的文化元素，称为燕文化。燕国作为一种特定的历史环境，聚集了诸多不同文化，诸文化因素的渗透酿成燕文化。

燕文化是承继了殷商（殷商兴起于燕地）文化、导入西周文化、融入北方草原文化的复合体。周王室的分封大臣在燕国推行的周文化属于燕域的雅文化，殷商文化与该地土著文化属于燕域的俗文化。多层文化共存互融，促进了燕域冶铁技术、青铜制造、水利工程的发展，并形成具有燕域特色的官僚制度、人才制度、地方制度，以及风俗习惯、神仙信仰等。

（二）燕文化有哪些特征?

燕文化在内容上以忧国忧民的正气与责任感为主，风格上以“直”“刚”为主体色调，在表现形式上则宽而广，兼容百家，特别是吸收北方草原文化的营养，形成了燕文化的特有风貌。具体而言，燕文化有以下几方面的特征：

1. 慷慨悲歌

慷慨悲歌是一种精神风貌，是为国家、为民族、为社会贡献一切的献身品格，是见义勇为、奋不顾身、舍生取义、大义凛然的勇气，是义无反顾、知其不可为而为之的侠肝义胆。燕太子丹和荆轲是推动燕地慷慨悲歌形成的代表性人物。

2. 好气任侠

这是燕文化的外在表现[1]。“好气”是豪放不羁，“侠”者最大特点是不苟同于世人，执着地遵循自己的价值标准。他们孤介独行，砥砺自信，重信义、言必信、行必果；重德行，重名誉，但绝不务虚名；轻生死，但绝不逞匹夫之勇。好气任侠往往与慷慨悲歌相联系，因而得到人们的认同和推崇。

3. 正道直行

这是一种崇尚气节，讲求情操，具有忧国忧民的责任感和刚直不阿、敢于反抗强暴的无畏精神。富贵不能淫、威武不能屈，宁可弃利甚至杀身也不丧志辱身，这已成为历代知识分子推崇的人格典范。正道直行的品德在燕地历代文化名人身上得到了充分诠释。

4. 质朴务实

以人生为观照，面向现实，重视人生，反对不切实际的清谈玄想。强调从日常生活、人伦关系以及社会生活中朴实无华地表达自己的意愿。立身行

[1] 杨玉生，《燕文化的形成和特点》，《河北日报》，2005 年。

事，脚踏实地，鄙视华而不实的作风。燕地文化质朴无华的精神直接体现在燕地的民风民俗上。

5. 自强不息

这是燕文化的核心价值观，也是中国传统文化的基本精神。这是一种奋发图强、自立自强，以不甘屈辱而表现出的进取精神。燕昭王筑黄金台求贤纳士、励精图治伐齐雪耻是这种精神的典范。

（三）燕文化何时形成?

燕文化形成于波澜壮阔的战国时期。在战国中期开始形成，到战国后期成熟和定型。

燕文化的形成以燕昭王的报复伐齐和燕太子丹的谋刺秦王为主要标志。

燕昭王的父亲为燕王哙，姬姓，名哙，是燕易王之子。燕易王十二年（前 321 年），燕易王去世，哙继任君位，史称燕王哙。

燕王哙五年（前 316 年），禅让君位于相国子之，进行改革，国内大乱，燕王哙七年（前 314 年），太子平与将军市被反叛，数月，死者数万。趁燕国内乱，齐宣王发兵，攻破燕国，哙被杀，子之逃亡，被齐人抓住砍成肉酱（醢其身）。

赵武灵王将燕王哙送在外国当人质的庶子公子职，从韩国护送回燕国即位，这就是燕昭王。燕昭王（前 335—前 279），姬姓，名职，蓟都（今北京房山区）人。战国时燕国第 39 任君主（前 312—前 279 年在位）。

燕昭王即位后，励精图治，招揽人才，意图振兴伤痕累累的燕国。为应对南方各国，燕昭王先后修建了被称为下都的武阳城和燕南长城（易水长城）。下都城的作用是荟萃各国的人才和组织、装备、训练燕国的军队。而易水长城的作用是保卫下都。

燕昭王是对燕地文化的形成起关键作用的一位君主。修建下都城之外，他所做的第二件大事就是招贤。为向齐国报仇，他卑身厚币向各国招揽人才。他去见郭隗，请郭隗为他推举贤才，表示燕国虽小，仍愿倾国以待。郭隗说：“君王一定要招揽贤士，请从郭隗开始。”燕昭王就为他改建屋舍，尊他为师。事情传开，乐毅自魏国而来，邹衍自齐国而来，剧辛自赵国而来，天下之士争相前往燕国。历史上还流传着燕昭王筑黄金台和用重金买千里马死骨的故事。燕昭王与百姓同甘苦，经过28年的恢复，燕国财力殷富，士卒乐战。于是燕昭王任用乐毅为上将军，又借助其他贤士的帮助劝说赵、魏、韩、秦、楚五国发兵，各出锐师，合力伐齐。六国联军在济西打败齐军，赵、魏等五国随后班师回国，燕国军队则在乐毅的率领下独自攻入齐国，一举攻克齐都临淄，尽取宝器，放火焚毁齐宫殿宗庙，报了齐军破燕的大仇。

燕昭王死后，燕惠王即位，与乐毅有仇，以骑劫取代了乐毅。齐国大将田单趁机在即墨反攻，大败骑劫，收复全部失地。此后又经过24年就到了燕国末代国君燕王喜。燕王喜二十三年（前232年），在秦国作人质的太子丹逃回燕国。

太子丹是对于燕地文化的形成与成熟起了关键作用的又一位王室成员。燕王喜二十五年（前230年）秦国灭亡韩国，二十七年（前228年）灭亡赵国，兵临易水。二十八年（前227年），太子丹派荆轲刺杀秦王，留下了荆轲刺秦的悲壮故事，也把燕文化精神推向高峰。

（四）燕文化的代表人物有哪些？

自战国到当代，在燕地，生于斯、长于斯、成于斯的燕文化代表人物，层出不穷、前赴后继，他们以自己的言行、业绩在不同的时代，为燕文化的传承光大作出了自己的贡献。择其要，简介如下：

苏秦

生平业绩。苏秦（？—前284），已姓，苏氏，名秦，字季子，雒阳（今河南洛阳市）人。战国时期著名的纵横家、外交家和谋略家。

早年投入鬼谷子门下，学习纵横之术。学成游历多年，潦倒而归。随后，刻苦攻读《阴符》，游说列国，得到燕文公赏识，出使赵国，提出“合纵”六国以抗秦的战略思想，并最终组建合纵联盟，任“从约长”，兼佩六国相印，使秦国十五年不敢出兵函谷关。联盟解散后，齐国攻打燕国，苏秦说齐归还燕国城池。后自燕至齐，从事反间活动，被齐国任为客卿，齐国众大夫因争宠派人刺杀，苏秦死前献策诛杀了刺客。

苏秦的著作有《苏子》31篇，收于《汉书•艺文志》，早佚。书《战国纵横家书》存有其游说辞及书信16篇，其中11篇不见于现存传世古籍。

苏秦生平史书记载于《史记•苏秦列传》、《资治通鉴》（卷一～卷三）、

《战国策》、《战国纵横家书》。

人物评价。曹操："夫有行之士未必能进取，进取之士未必能有行也。陈平岂笃行，苏秦岂守信邪？而陈平定汉业，苏秦济弱燕。由此言之，士有偏短，庸可废乎！有司明思此义，则士无遗滞，官无废业矣。"

文化人格。不甘平庸，积极进取，合纵连横，以弱制强。

燕昭王

生平业绩。燕昭王（前335—前279），姬姓，名职，蓟都（今北京房山区）人，战国时燕国第39任君主（前312—前279年在位），燕王哙之子。在位执政34年。周赧王三十六年（前279年）去世，谥号为昭。

早年进入韩国为质。子之之乱平定后，由赵武灵王派人护送回国即位为王。即位之后，招贤纳士，改革内政，体恤民众，积累实力，培养奋发图强的民风。择机命令秦开大破东胡、朝鲜、真番，上将军乐毅联合五国攻破齐国，占领齐国70多城，造就了燕国一时盛世，进入黄金时代。

燕昭王把握了复兴燕国主要在于罗致人才这个关键因素，屈身礼士，知人善任，用人不疑，终于使多年来孜孜以求的报仇雪耻愿望得以实现，使燕国发展到鼎盛时期，他自己也跻身于战国七雄重要国君的行列。

生平史书记载于《战国策》《史记·燕召公世家》《史记·赵世家》。

人物评价。司马迁："召公奭可谓仁矣！甘棠且思之，况其人乎？燕（北）[外]迫蛮貉，内措齐、晋，崎岖强国之闲，最为弱小，几灭者数矣。然社稷血食者八九百岁，於姬姓独后亡，岂非召公之烈邪？"

文化人格。屈身礼士，知人善任，用人不疑，励精图治，奋发图强。

郭隗

生平业绩。郭隗（约前351—前297），战国中期燕国人（出生地在今保定市满城区，另有说为今涞水县隗家庄村，今定兴县河内村），燕国大臣、贤者。燕王哙七年（前314年），齐宣王攻破燕国，哙被杀。赵武灵王闻燕国内乱，将燕王哙的庶子职从韩国送回燕国。燕昭王元年（前311年），职被燕人拥立为王，称燕昭王。昭王为报齐灭燕之仇并复兴燕国，拜访郭隗，求计问策。郭隗以古人千金买骨为例，使昭王广纳社会贤才，建筑"黄金台"，昭王并尊郭隗为师。此举天下震动，乐毅、邹衍、剧辛及其他有才能的人皆来归附燕国，燕国因此强大起来。

人物评价。“千金买骨”“筑台而师年”“卑身厚币”等成语典故皆源于郭隗向燕昭王献计求士纳贤之举。开辟了中国历代招贤纳士的历史，对中华文明影响久远。

唐·李白《行路难三首》：“君不见昔时燕家重郭隗，拥篲折节无嫌猜。剧辛乐毅感恩分，输肝剖胆效英才。昭王白骨萦蔓草，谁人更扫黄金台？”

唐·陈子昂《咏郭隗 》：“逢时独为贵，历代岂无才。隗君亦何幸，遂起黄金台。”

文化人格。说马荐贤，以己立标，助君强国，名垂史册。

乐毅

生平业绩。乐毅，生卒年不详，子姓，乐氏，名毅，字永霸。中山灵寿人，战国后期杰出的军事家，魏将乐羊后裔，拜燕上将军，受封昌国君，辅佐燕昭王振兴燕国。

公元前 284 年，他统率燕国等五国联军攻打齐国，连下 70 余城，创造了中国古代战争史上以弱胜强的著名战例，报了强齐伐燕之仇。后因受燕惠王猜忌，投奔赵国，被封于观津，号为望诸君。

人物评价。王羲之：“于斯时也，乐生之志，千载一遇也，亦将行千载一隆之道，岂其局迹当时，止于兼并而已哉，夫兼并者非乐生之所屑，强燕而废道，又非乐生之所求也。不屑苟得则心无近事，不求小成，斯意兼天下者也。则举齐之事，所以运其机而动四海也，讨齐以明燕主之义，此兵不兴于为利矣。围城而害不加于百姓，此仁心着于遐迩矣，举国不谋其功，除暴不以威力，此至德令于天下矣；迈至德以率列国，则几于汤武之事矣。”

唐朝开元十九年（731 年），唐玄宗为表彰并祭祀历代名将设置武庙，它以周朝开国丞相、军师吕尚（即姜子牙）为主祭，以汉朝留侯张良为配享，并以历代名将 10 人从之，乐毅列其中。

上元元年（760 年），唐肃宗将吴起等历史上 10 位武功卓著的名将供奉于武成王庙内，被称为武庙十哲，“燕王国昌国君乐毅”便是其中之一，同时代被列入“十哲”的只有吴起、白起而已。

及至宋代宣和五年（1123 年），宋室依照唐代惯例，为古代名将设庙，72 位名将中亦包括乐毅。

文化人格。受托国政，忠君之事，兴燕破齐，仁心治民，德安天下。

秦开

生平业绩。秦开，出身鲁国秦氏，战国时期燕国将领。早年在东胡做人质，很受东胡的信任，通晓民情风俗。燕昭王姬职即位后，秦开逃归燕国。后于公元前300年率军大破东胡，迫使东胡北退千余里，还曾渡过辽水进攻箕氏朝鲜，直达满番汗（今朝鲜清川江以西大宁江流域博川郡境内的博陵古城）为界，取地2000余里。燕国置上谷、渔阳、右北平、辽西、辽东五郡，修筑西起造阳（今河北张家口）东到襄平（今辽宁辽阳）的长达2000多千米的燕国北长城，用以防御胡人的侵略。燕国在幅员上一跃超过赵、齐、韩三国，仅次于秦、楚两国，在列国中位居第三。

生平史书记载于《史记·匈奴列传》《汉书·匈奴传》。

人物评价。司马迁《史记》："燕有贤将秦开，为质于胡，胡甚信之。"

文化人格。知己知彼，胸怀大略，献策君王，袭走东胡，开疆扩土，置郡修城，攻防兼顾。

荆轲

生平业绩。荆轲（？—前227），姜姓，庆氏（古时"荆""庆"音近），字次非，战国末期卫国朝歌（今河南鹤壁）人，春秋时期齐国大夫庆封的后代，战国时期著名刺客，也称庆卿、荆卿、庆轲。

易县荆轲公园

荆轲喜好读书击剑，为人慷慨侠义，后游历到燕国，随之由田光推荐给太子丹。

秦国灭赵后，兵锋直指燕国南界，太子丹震惧，决定派荆轲入秦行刺秦王。荆轲献计太子丹，拟以秦国叛将樊於期之头及燕督亢地图进献秦王，相机行刺。太子丹不忍杀樊於期，荆轲只好私见樊於期，告以实情，樊於期为成全荆轲而自刎。

公元前227年，荆轲带燕督亢地图和樊於期首级前往秦国刺杀秦王。临行前，燕太子丹、高渐离等许多人在易水边为荆轲送行，场面十分悲壮。“风萧萧兮易水寒，壮士一去兮不复还”，这是荆轲在告别时所吟唱的诗句。荆轲与秦舞阳入秦后，秦王在咸阳宫隆重召见了他，交验樊於期头颅，献督亢（今河北涿州、易县、固安一带）之地图，图穷匕首见，荆轲刺秦王不中，被秦王拔剑击成重伤后为秦侍卫所杀。

生平史书记载于《史记·刺客列传》《战国策》。

人物评价。陶渊明：“燕丹善养士，志在报强嬴。招集百夫良，岁暮得荆卿。君子死知己，提剑出燕京。素骥鸣广陌，慷慨送我行。雄发指危冠，猛气充长缨。饮饯易水上，四座列群英。渐离击悲筑，宋意唱高声。萧萧哀风逝，淡淡寒波生。商音更流涕，羽奏壮士惊。心知去不归，且有后世名。登车何时顾，飞盖入秦庭。凌厉越万里，逶迤过千城。图穷事自至，豪主正怔营。惜哉剑术疏，奇功遂不成。其人虽已没，千载有余情。”

文化人格。意气相尚，一意孤行，壮怀激烈，气吞山河，肝胆照人，视死如归，能为人所不敢为。

田光

生平业绩。田光（？—前227），战国时期“邑之东鄙人也”（今邢台新河县西千家庄人），燕之处士。学识渊博，智勇双全，素称燕国勇士。田光晚年留居在燕都附近，与燕之太傅鞠武、荆轲相交甚密。

战国后期，秦国即将灭掉六国，燕国太子丹十分忧虑。燕太子丹为了报秦王轻贱之仇，为了保全燕国不被秦之兵锋覆灭，欲效仿昔年“曹沫劫盟”之举，找人去刺杀秦王。太傅鞠武劝说不能，只好成全太子丹的冒险之举，将田光推荐给他。田光来见太子丹时，太子丹不仅亲自出门迎接，倒行躬身为田光引路，而且还跪着为田光拂拭座席，极为恭敬。旁观者看见太子丹如此对待年老佝偻的田光，都暗自发笑。田光深受感动，但感到自己已经年迈体衰，无法担当重任，就向太子丹推荐了荆轲。他告诉太子丹，荆轲乃是神勇之人，不仅文武双全，而且喜怒不形于色，肝胆照人。况且自己曾有恩于荆轲，他一定不会拒绝自己的请求。太子丹大喜，就请田光去请荆轲。临行前，他嘱咐田光：“我同先生说的都是国家大事，希望先生不要泄露。”

田光找到了荆轲，谈到了向太子丹推荐他的事情。荆轲表示：“先生有命，轲必从之。”田光十分欣慰，拂剑叹道：“我听说品德高尚的人的行为，不应让人产生怀疑。如今太子以国事告知，并嘱咐我不要泄露，还是对我有些怀疑。自己的行为让人产生疑虑，就不配做有节操的侠义之士。我将以死明心，请你尽快去太子处。”说完，田光就拔剑自刎而死。“田光伏剑”的成语由此而来。

生平记载于《史记·刺客列传》。

人物评价。唐·李远：“秦灭燕丹怨正深，古来豪客尽沾襟。荆卿不了真闲事，辜负田光一片心。”

文化人格。智深勇沉，信守诺言，自杀明节，不负重托，被称“节侠”。

高渐离

生平业绩。高渐离，战国末燕（今河北省定兴县高里村）人，荆轲的好友，擅长击筑（是古代的一种击弦乐器，颈细肩圆，中空，十三弦），高渐离与荆轲的关系很好。

荆轲刺秦王临行时，高渐离与太子丹送之于易水河畔，高渐离击筑，荆轲和而高歌“风萧萧兮易水寒，壮士一去兮不复还”。后秦灭六国后，秦王因为高渐离击筑很好，就请他来王宫为他击筑，可是高渐离是荆轲的好友，秦王也就有所防备，事先命人将高渐离的眼睛弄瞎，以为这样高渐离就没法刺杀他了。但高渐离往筑里灌铅，趁秦王听曲正入迷时，向秦王的头部猛砸，不中，被杀。

生平记载于《史记·刺客列传》《战国策·燕策》。

人物评价。在司马迁记载的刺客中，高渐离是最奇怪的一个刺客，只有他的行刺没有直接的动因。司马迁记载的曹沫、专诸、豫让、聂政和荆轲，每个人都是为了一个权贵才去行刺的，只有高渐离，因为和荆轲的知己关系，在荆轲死后，才执着地继续行刺秦始皇。这样的朋友，别说在中国古代少见，到了今天，更是凤毛麟角，或者说一个都没有。

文化人格。效忠知己，不惧死亡，舍身酬友，侠烈无双。

刘备

生平业绩。刘备（161 — 223），字玄德，东汉末年幽州涿郡涿县（今河北省保定市涿州市）人，三国时期汉国（习称蜀国）开国皇帝，谥号昭烈皇帝，史家又称为先主。

早年贩履织席为业，好交结豪侠。灵帝末年，从官府进行镇压黄巾起义有功，任安喜尉，后投靠公孙瓒。徐州牧陶谦为曹操所攻，备率兵相救，陶谦死，刘备据其遗命，代为徐州牧，与盘踞寿春的袁术相拒，为另一军阀吕布所乘，败归曹操，很为曹操看重 。刘备因谋杀曹操事泄，逃到徐州，统众数万人。建安五年（200 年），被曹操击破，往依袁绍，官渡之战后南奔刘表。因声望日高，刘表对他有所防备。十三年（208 年），曹操南伐，刘表去世，子刘琮降。刘备逃至夏口，采纳诸葛亮之议，与孙权联合，大败曹操于赤壁，据有荆州之地。十六年（211 年），率军数万人应益州牧刘璋之请，西入蜀。后刘备攻下成都，推翻刘璋统治，夺得益州。二十四年（219 年），击斩曹操大将夏侯渊，曹操率军亲征，无功而还。刘备遂占领汉中，为汉中王。同年，关羽被杀，荆州为孙权夺去。蜀国规模自此基本确定。

刘备知人善任，有名将关羽、张飞为左右手。自得诸葛亮，信任专一，言听计从，措施得宜，故能在地狭民少的蜀地，开创与魏、吴鼎立局面 。221 年刘备称帝，国号汉，都成都。当年，兴师伐吴，欲报杀关羽、夺荆州之仇。孙权遣使求和，不许。次年，两军决战于夷陵，因战略错误，且相持七八个月，蜀军疲惫，士气低落，为吴国大将陆逊所败，损失惨重。刘备逃归白帝城。第二年病重，托孤于丞相诸葛亮，不久卒。

生平记载于《三国志·先主传》等。

人物评价。陈寿："先主之弘毅宽厚，知人待士，盖有高祖之风，英雄之器焉。及其举国讬孤于诸葛亮，而心神无二，诚君臣之至公，古今之盛轨也。机权干略，不逮魏武，是以基宇亦狭。然折而不挠，终不为下者，抑揆彼之量必不容己，非唯竞利，且以避害云尔。"

文化人格。志存高远，不屈不挠，诚心待士，用人不疑，崇信守义。

张飞

生平业绩。张飞（约 166—221），字益德（《三国志卷·蜀书·关张马黄赵传》作"益德"，《三国演义》作"翼德"），幽州涿郡（今河北涿州市）人氏，三国时期蜀汉名将。因其勇武过人，而与关羽并称为"万人敌"。羽年长数岁，飞兄事之。184 年黄巾起义爆发，刘备在涿郡组织起了一支义勇军参与扑灭黄巾军的战争，张飞与关羽一起加入，随刘备辗转各地。三人情同兄弟，寝则同床，刘备出席各种宴会时，张飞和关羽终日侍立在刘备身旁。197 年在曹操进攻吕布、吕布败亡之后，张飞被任命为中郎将。200年刘备衣带召事情泄漏，率领关羽、张飞逃走，杀下邳太守车胄，刘备战败，关羽被擒，刘备与张飞投奔袁绍。208年刘备于长坂坡败退时，张飞仅率二十骑断后，曹军无人敢逼近，刘备因此得以免难。

涿州张飞庙

刘备入蜀后，与诸葛亮、赵云进军西川，分定郡县。在抵达江州时义释了刘璋手下的巴郡太守严颜。215年在宕渠击败魏国名将张郃，巴西郡自此获安。221年刘备称帝，张飞晋升为车骑将军、领司隶校尉，封西乡侯。同年，张飞被其部将范疆、张达所害。谥号“桓侯”。

生平记载于《三国志•蜀书•关张马黄赵传》。

人物评价。陈寿：“关羽、张飞皆称万人之敌，为世虎臣。羽报效曹公，飞义释严颜，并有国士之风。然羽刚而自矜，飞暴而无恩，以短取败，理数之常也。”

傅干：“勇而有义，皆万人之敌，而为之将。”

782年（建中三年），礼仪使颜真卿向唐德宗建议，追封古代名将64人，并为他们设庙享奠，当中就包括“蜀车骑将军西乡侯张飞”。同时代被列入庙享名单的只有关羽、张辽、周瑜、吕蒙、陆逊、邓艾、陆抗而已。及至1123年（宣和五年），宋室依照唐代惯例，为古代名将设庙，72位名将中亦包括张飞。在北宋年间成书的《十七史百将传》中，张飞亦位列其中。

文化人格。个性鲜明，勇而有谋，万敌之将，忠义两全。

赵匡胤

生平业绩。宋太祖赵匡胤（927 — 976），字元朗，宋朝开国皇帝。

后唐明宗天成年间（927年3月21日）生于洛阳夹马营，祖籍涿郡，祖父赵敬为涿州刺史。父亲赵弘殷，母亲杜氏。赵弘殷自幼在保州（今保定市清苑区）长大，骁勇善战，擅长骑射，初事赵王王镕，救援后唐庄宗有功，负责管理禁军。后汉时期，大破王景，出任护圣都指挥使。后周建立，参加淮南之战，拜检校司徒，册封天水县开国男，与儿子赵匡胤掌管禁军。赵匡胤于后汉隐帝时投奔郭威，其后郭威废汉建周，得任东西班行首，始入宦途。后从征南唐，多有功绩。

后周显德六年（959 年），周世宗柴荣于北征回京后不久驾崩，逝世前任命赵匡胤为殿前都点检，掌管殿前禁军。次年（960 年）元月初一，北汉及契丹联兵犯边，时任归德军节度使、检校太尉的赵匡胤受命前往御敌。初三夜晚，大军于京城汴梁东北 20 千米的陈桥驿发生哗变，将士于隔日清晨拥立赵匡胤为帝，史称“陈桥兵变”。大军随即回师京城，后周恭帝柴宗训禅位，赵匡胤登基，改元建隆，国号“宋”，史称“宋朝”“北宋”。

宋初，国家处于四分五裂的局面之下，北有契丹和北汉，南有南唐等一些小国家。宋太祖在位期间，采取“先南后北”的战略使国家逐步走向统一，同时通过采取“收其精兵，削夺其权，制其钱谷”的三大纲领，巧妙地通过“杯酒释兵权”“削弱相权”“罢黜支郡”“强干弱支”“内外相维”“三年一易”“设置通判”“差遣制度”等措施加强中央集权，进行政治、经济、军事改革，革除了五代弊政，使国家呈现出和平、安定的局面。

开宝九年十月二十日（976 年 11 月 14 日），赵匡胤逝世，享年 50 岁，在位 16 年，谥曰英武圣文神德皇帝，庙号太祖，葬永昌陵。

赵匡胤曾在石碑上（一说为铁块上）刻下留给子孙的遗言，宋朝历任皇帝在即位时，都必须拜读这份遗训。不过，这份遗训至为机密，除了特定宫中人士之外，甚至连宰相都不知道。后来金朝打败宋朝，占领皇宫时，才发现这份文件。遗训记载的内容有下列三点：

（一）柴氏子孙有罪，不得加刑，纵犯谋逆，止于狱中赐尽，不得市曹刑戮，亦不得连坐支属。

（二）不得杀士大夫及上书言事人。

（三）子孙有渝此誓者，天必殛之。

宋朝的皇帝基本上都遵守了誓碑遗训，从柴家子孙与南宋共存亡以及在新旧党争中失势的官员并没有被杀，还可能会随着政局的演变由罢黜回到中央这两点就可以证明。赵匡胤温厚的个性透过这个石碑遗训，表现在整个宋王朝的政治上。

赵匡胤生平记载于《宋史》等。

人物评价。宋太祖赵匡胤一生最大的贡献和成就在于重新恢复了华夏地区的统一，结束了自唐末五代以来长达近70年的藩镇割据混战局面。饱经战火之苦的民众终于有了一个和平安宁的生产生活环境，为社会的进步、经济的发展、文化的繁荣创造了良好的条件。作为唐末五代十国混战局面的终结者和大宋王朝的开拓者，赵匡胤是中国历史上一个承前启后的重要人物。宋太祖具有完美的人格魅力：他心地清正，疾恶如仇，宽仁大度，虚怀若谷，好学不倦，勤政爱民，严于律己，不近声色，崇尚节俭，以身作则等，不仅对改变五代以来奢靡风气具有极大的示范效应，而且深为后世史学家津津乐道。

范仲淹：“祖宗以来，未尝轻杀一臣下，此盛德之事。”“我太祖皇帝应天顺人，受禅于周，广南、江南、荆湖、西川，一举而下，罢诸侯之兵，革五代之暴，垂八十年，天下无祸乱之忧。”

司马光：“唐得天下一百有三十年，明皇恃其承平，荒于酒色，养其疽囊，以为子孙不治之疾，于是渔阳窃发，而四海横流矣。肃、代以降，方镇跋扈，号令不从，朝贡不至，名为君臣，实为绚敌。陵夷衰微至于五代，三纲颓绝，五常殄灭；怀玺未暖，处宫未安，朝成夕败，有如逆旅；祸乱相寻，战争不息，血流成川泽，聚骸成邱陵，生民之类，其不尽者无几矣。于是太祖皇帝受命于上帝，起而拯之，躬擐甲胄，栉风沐雨，东征西伐，扫除海内。当是之时，食不暇饱，寝不遑安，以为子孙建太平之基。”

苏轼：“予观汉高祖及光武，及唐太宗，及我太祖皇帝，能一天下者四君，皆以不嗜杀人者致之，其余杀人愈多，而天下愈乱。”

文化人格。心地清正，疾恶如仇，宽仁大度，虚怀若谷，好学不倦，勤政爱民，严于律己，不近声色，崇尚节俭，以身作则，以德服人，尊知重士，纳谏如流，政不独断，刑不滥施，开明施政，君王典范。

杨延昭

生平业绩。杨延昭（958—1014），本名杨延朗，后改为杨延昭，亦称杨六郎，并州太原（今山西太原）人，北宋名将。

杨延昭自幼随父亲杨业征战，雍熙三年（986年）北伐，杨业率军攻应、朔等州，时年29岁的延昭为先锋，战朔州城下，流矢穿臂，战斗愈勇，终于攻下朔州。其父死后，便担负起河北延边的抗辽重任。杨延昭在保定一带戍边御敌20余年，先后任景州知州、保州缘边都巡检使、保州团练使、宁边军部署、保州知州兼缘边都巡检使，在对辽的攻防战中战功累累。大中祥符七年（1014年），杨延昭去世，终年57岁，死后陪葬于永安县（今河南巩义宋英宗永厚陵）。在与辽兵作战中，杨延昭威震边庭，人们称杨延昭守卫的遂城为“铁遂城”。宋真宗称赞他“治兵护塞有父风”。

杨延昭是北宋抗辽名将杨业的长子（小说中为杨业六子），辽国人认为北斗七星中的第六颗主镇幽燕北方，是他们的克星，辽国人就把他看作是天上的六郎星宿（将星）下凡，故称为杨六郎。在河北、山西、北京一带，杨六郎抗辽故事传咏千年不衰。

人物评价。杨延昭智勇善战，他把所得的赏赐都用来慰劳军队，未尝问及家事。他进出的排场像小军官一样，他号令严明，能与士卒同甘共苦，遇到敌人必定身先士卒，作战获胜报捷，把功劳归于部下，所以人人愿意为他效力。他在边防20余年，辽军畏怕他，称他为杨六郎（虽然他是长子）。到他去世时，宋真宗叹息、悼念他，派宦官护送灵柩回他的家乡，河朔一带人看到他的灵柩大都痛哭。朝廷录用他的三个儿子为官，对他的亲随、门客也都量材选择录用。

文化人格。智勇善战，身先士卒，恪尽职守，忠心不二，报效国家。

霍元甲

生平业绩。霍元甲（1868－1910），清末著名爱国武术家，字俊卿，生于天津静海县（今静海区）小南河村，祖籍河北省东光安乐屯。霍元甲出身镖师家庭，继承家传“迷踪拳”绝技，幼年体弱，在27岁以前基本上生活在故乡，时常挑柴到天津去卖，28岁后到天津做码头装卸工，后来在农劲荪开设的怀庆药栈当帮工，升任掌柜。

霍元甲天资聪颖，毅力惊人，功艺长兄亢进，在兄弟之中出类超群，并在24岁那年5分钟之内击败了一位仅仅用三式打败了霍元甲哥哥与弟弟的人。父见此，一改旧念，悉心传艺于他。后元甲以武会友，融合各家之长，将祖传“秘宗拳”发展为“迷宗艺”，使祖传拳艺达到了新的高峰，之后霍元甲自创了迷踪拳。

1909年，41岁的霍元甲由农劲荪介绍来上海，创办“精武体操会”并主教武术。在与俄罗斯、英国和日本大力士的比武中多次胜出，为发扬中华武术作出了巨大贡献。后被日本人暗下毒手谋害，于1910年9月14日逝世于上海精武体育会，逝世时年仅42岁。

生平记载于《精武本纪》《精武会五十年》。

人物评价。孙中山对霍元甲“以武保国强种”的胆识给予了很高的评价。在精武会成立10周年之际，他亲临大会，题写了“尚武精神”四个大字，以示对霍元甲的纪念。

文化人格。创建精武，矢志图强，奋发智勇，勇于担当，匡扶中华。

大刀王五

生平业绩。大刀王五（1844—1900），本名王正谊，字子斌，祖籍河北沧州，回族。因他拜李凤岗为师，排行第五，人称“小五子”，又因他刀法纯熟，德义高尚，故人人尊称他为“大刀王五”。王正谊一生行侠仗义，曾支持维新，靖赴国难，成为人人称颂的一代豪侠。王五不仅本行中受人尊敬，他的爱国义举更是被人们广泛传颂。

1898年，戊戌变法进入高潮，谭嗣同应诏入京，任四品军机章京，参与变法。在此期间，王五担负起了谭嗣同的衣食住行和保安工作。变法失败后，谭嗣同为表白自己的变法决心，醒悟大众，甘愿受捕。王五得知后心急如焚，多方打探消息，买通狱吏，还广泛联络武林志士，密谋救谭，却被谭嗣同拒绝了。9月27日，谭嗣同等“戊戌六君子”被刚毅监斩于宣武门外菜市口，王五得知后悲痛欲绝。为了继承谭嗣同的遗志和复仇，王五多次组织人员进行暗杀活动，终未果，但王五反抗清廷的决心自此更加强烈。

1900年，义和团反帝爱国运动在北方兴起。王五率众积极参加，与义和团众并肩作战，杀洋人，攻打教堂。10月25日，清兵将顺源镖局团团围住，王五终因寡不敌众而被捕。迫于压力，清政府将王五交给八国联军，王五等人就在镖局正门被枪杀。

王五位列民间广泛流传的晚清十大高手谱中，与燕子李三、霍元甲、黄飞鸿等著名武师齐名。

生平记载于退叟《记大刀王五》。

人物评价。当年王五在北京颇有威信，众人赠有“德容感化”和“义重解骖”两块匾额。

文化人格。侠义心肠，正气凛然，德义高尚。

李大钊

生平业绩。李大钊（1889 — 1927），字守常，河北省乐亭人。

1907 年夏至 1913 年夏，入天津北洋法政专门学校求学。

1913 年 8 月天津北洋法政专门学校毕业，在校期间与同学郭须静一起加入中国社会党，毕业后到北京参加中国社会党活动。同月中国社会党领袖陈翼龙被杀，社会党被查封，李大钊逃离北京，避难于家乡乐亭县的祥云岛，后得到天津绅士孙洪伊的资助，赴日本留学。

入早稻田大学政治科后，开始接触社会主义思想。1914 年组织神州学会，进行反袁活动。次年为反对日本灭亡中国的“二十一条”，以留日学生总会名义发出《警告全国父老》通电，号召国人以“破釜沉舟之决心”誓死反抗。

1916 年 5 月回中国，在北京创办《晨钟报》，任总编辑。旋辞职，任《甲寅日刊》编辑，推动新文化运动的发展。1918 年任北京大学图书馆主任，后任经济、历史等系教授，参与编辑《新青年》，并和陈独秀创办《每周评论》，推动共产主义。

1920 年，和陈独秀酝酿组建中国共产党，发起组织马克思学说研究会。同年 10 月，和邓中夏、高君宇、何孟雄等一同建立北京共产主义小组。中共建党后，任二、三、四届中央委员。

中国共产党成立后，李大钊同志代表党中央指导北方地区党的工作，在北方广大地区领导宣传马克思主义，开展工人运动，建立党的组织。

1922 年 8 月到 1924 年年初，他根据共产国际指示，三次往返于北京、上海、广州之间，同孙中山先生商谈国共合作，为建立国民革命统一战线、实现第一次国共合作作出了重大贡献。1924 年 1 月，出席中国国民党第一次全国代表大会，以个人身份加入国民党，任国民党第一届中央执委。会后又担任国民党政治委员会委员。统领指挥国民党和共产党北方党务。

1925 年五卅运动爆发后，李大钊与赵世炎等人在北京组织 5 万余人的示威。李大钊因“假借共产学说，啸聚群众，屡肇事端”而被北洋政府下令通缉，遂逃入东交民巷俄国兵营。

1926 年 1 月国民党第二届全国代表大会上被选为国民党第二届中央执行

委员会委员。1926年3月，李大钊领导并参加了北京“反对帝国主义和北洋军阀”的运动。

1927年4月6日，在英、日等帝国主义列强的支持下，张作霖（时任陆海军大元帅，代表中华民国行使统治权，为国家最高统治者）悍然践踏国际公法，派军警搜查驻北京的苏联大使馆及其附属建筑，破坏了当时正在苏联大使馆西院旧俄兵营中的国共两党北方组织，中国共产党创始人之一李大钊等60余名共产党员和国民党左派成员不幸被捕。李大钊全家同时在苏联大使馆被捕，当时的军警在李大钊住所的床底下，翻出了当时苏联大使馆的关于发动武装起义的文件。在羁押期间，李大钊著有《狱中自述》《狱中供词》。由于李大钊是北京大学教授，各方都有人试图营救，张作霖面临很大压力。为此他给政府前方将领如张学良、张宗昌、孙传芳等六位发电征询意见，除阎锡山没有回复，其余将领都主张立即正法。南方的蒋介石发来密电，主张将所捕党人“即行处决，以免后患”。4月28日，奉系军阀不顾社会舆论的强烈反对，指派“安国军总司令部军法处长”何丰林为主席法官，颜文海、王振南等为法官，于上午11时在“京师警察厅总监”陈兴亚的客厅中进行了“军法会审”，李大钊等20名国共人员被以“和苏俄里通外国”为罪名判处死刑，下午2时李大钊在西交民巷“京师警察厅”看守所绞刑处决，时年38岁。

人物评价。李大钊同志是中国共产主义的先驱，伟大的马克思主义者、杰出的无产阶级革命家、中国共产党的主要创始人之一，他不仅是中共早期卓越的领导人，而且是学识渊博、勇于开拓的著名学者，在中国共产主义运动和民族解放事业中，占有崇高的历史地位。

文化人格。爱国忧民，信仰坚定，探索进取，追求真理，勇于献身。铁肩担道义，妙手著文章。

佟麟阁

生平业绩。佟麟阁（1892—1937），原名佟凌阁（因牺牲后报纸误写为“麟阁”，此后就沿用了下来），字捷三，河北省保定市高阳县人。

1892年10月29日，佟麟阁生于河北高阳县边家务村一户农民家庭，他幼时就学于舅父胡老先生门下，习读四书五经。1911年11月，为响应辛亥革命，河北滦州爆发了由冯玉祥、王金铭、施从云等领导的反清起义，佟麟阁于这时从戎参军，投入冯玉祥营下为哨兵，后来升为哨长。此后随冯玉祥转战各地，随冯玉祥地位提升和队伍壮大，佟麟阁职务也随功绩和资历的积累逐步晋升。他为人勤勉、严于律己、善于练兵，带兵纪律严明，与士兵同甘共苦，为官清廉，深得民心。1921 年任营长，1922 年任团长，1924 年，佟麟阁升任陆军第二十五混成旅旅长，成为冯玉祥手下的“十三太保”之一。1925 年升任国民军第四师师长。1926 年 9 月五原誓师后，随部参加北伐。1928 年起，任国民革命军第二集团军第三十五军军长、暂编第十一师师长、第二十九军副军长，期间屡立战功，战无不胜。1933 年率部参加长城抗战，取得喜峰口大捷。同年 5 月，参加察哈尔抗日同盟军，任第一军军长兼代理察哈尔省主席，跟随冯玉祥驰骋察省，打击日军，收复失地。1936 年，任国民革命军第二十九军副军长，主持日常军务，驻守平津一带。卢沟桥事变后，他率部奋勇抗击日本侵略军。7 月 28 日，在北平城外南苑的第二十九军司令部遭受猛烈攻击。他与一三二师师长赵登禹誓死坚守阵地，指挥二十九军拼死抗击。战斗进行得十分激烈。后奉命向大红门转移，途中再遭到日军包围，在组织部队突击时，被机枪射中腿部。部下劝其退下，他执意不肯，仍率部激战，头部再受重伤，流血过多，壮烈殉国。1937 年 7 月，南京国民政府发布命令，追赠他为陆军上将。

人物评价。民族英雄。模范军人。1937 年 7 月 31 日，国民政府发布褒恤令，追赠佟麟阁为陆军上将，生平事迹宣付史馆，以彰忠烈。

毛泽东同志对佟麟阁的献身精神给予很高的评价。他在 1938 年 3 月 12 日延安纪念孙总理逝世十三周年及追悼抗敌阵亡将士大会上的演说词中说佟麟阁等人“无不给了全中国人以崇高伟大的模范”。

抗战胜利后，1946 年 4 月 5 日（清明节），在北平八宝山忠烈祠，北平市各界隆重举行入祀大典，供奉佟、赵两将军神位。1946 年 7 月 28 日，国民政府又以隆重的国葬，将佟麟阁将军的灵柩从柏林寺移葬于北平香山兰涧沟的坡地上。1946 年 11 月 25 日，北平市政府将北平西城的南沟沿命名为“佟麟阁路”。通州亦因佟麟阁在该县指挥过抗日，乃命名一条街为“佟麟阁街”，以为纪念。

1979 年 8 月 1 日，中共北京市委统战部发出通知，定佟麟阁为抗日阵亡的革命烈士。北京市人民政府为佟将军修墓立碑，一米多高的汉白玉碑上镌刻着“抗日烈士佟麟阁将军之墓”11个黑色大字。1980年7月28日，北京市政协和北京市民革在香山举行扫墓仪式，隆重纪念佟麟阁殉国43周年。

2009年中宣部、中组部、中央统战部等11部门组织的评选“100位为新中国成立作出突出贡献的英雄模范人物和100位新中国成立以来感动中国人物”活动中，被大众评选为“100位为新中国成立作出突出贡献的英雄模范人物”之一。2014年9月列入国家民政部公布的第一批“300名著名抗日英烈和英雄群体名录”。

文化人格。一身正气，心地坦诚，为官清廉，严于律己，爱兵爱民，恪尽职守，以身报国。

二十九军大刀队

简史业绩。国民革命军第二十九军大刀队，正式名称是“手枪队”。部队每名士兵身上除了一口4斤重的大刀以外，还有两支以上的毛瑟C96，就是俗称的“二十响”，弹药配置200发。二十九军原属西北军，当年冯玉祥创建西北军的时候，因为部队扩充快，枪支弹药不足，就为部队士兵配发了大刀。西北军用的大刀，都是长柄、宽刃、刀尖倾斜的传统中国刀，十分利于劈杀。冯玉祥还聘请了一批武术高手，设计了一套适合对付敌人刺刀的刀术，让部队勤加练习。结果，当初为了应急用的大刀，反而成了西北军的重要武器之一。因士兵均熟习大刀术，故持大刀冲锋陷阵成了西北军的特色。

九一八事变后，举国震怒，第二十九军也时刻厉兵秣马，准备跟日寇决战。为了提高官兵使用大刀的技能，副军长佟麟阁将军亲赴北平聘请李尧臣先生来军担任武术教官，李尧臣深为二十九军抗日救国的精神所感动，慨然允诺前往相助。李尧臣是河北省冀县（今衡水市冀州区）李家庄人，功夫过硬，在社会上颇有名声。李尧臣来到二十九军后，根据大刀的特点，结合中国传统的六合刀法，创编一套“无极刀法”。这种刀法，既可以当刀劈，又可作剑刺，简单易学，实用性强，军部先由各部队抽选骨干，组成大刀队，以简元杰为队长，由李尧臣直接传授刀法，再由他们传给全军官兵。几个月后，大刀队就开始将练熟的无极刀法教给全体官兵。佟麟阁将军还同李尧臣轮流到各部队视察、示范，大大增强了将士们的白刃战本领。

九一八事变后，日军完全控制了东北。1933年2月日军发起进攻热河计划，不到一个月时间占领热河全境，并一路南下，战线前推到长城喜峰口关一带。宋哲元的第二十九军奉命防守冷口迤西至马兰关一线的长城各关口。7日，二十九军接防喜峰口，凌源、平泉战败退兵喜峰口一带的万福麟部，无力再战。9日，日军步骑联合部队和伪军一部，乘万福麟部和二十九军三十七师交接阵地之时，向喜峰口外约20里的一个前哨据点孟子岭发起猛攻。1933年3月9日傍晚，日军趁势抢占了关口。次日早上，中国军队二十九军所属三十七师主力赶到，日军主力也到达了战场。双方围绕喜峰口外的几个高地展开了激烈的争夺战。连日的激战，使二十九军伤亡很大，三十七师师长冯治安与三十八师师长张自忠认为，日军具有武器装备上的绝对优势，二十九军若想取胜，必须以己之长克敌之短，出其不意地打击敌人后方。于是，大家都把注意力放到了二十九军最常使用的特殊装备——大刀上。现在喜峰口形势危急，二十九军的大刀队自然也就被寄予厚望。

是役，二十九军派一〇九旅旅长赵登禹指挥这场奇袭。考虑到赵登禹部在此前的战斗中损失较大，只有王长海团编制较完整，于是将三十八师董升堂团也交由他指挥。王长海和董升堂接到命令后，立刻在各自的团里挑出500名擅长刀术和近身肉搏的士兵组成大刀队，只带大刀和手榴弹，其余士兵进行火力掩护。

3月12日，董升堂团首先来到了位于长城外小喜峰口的三家子村和前仗子村附近。当天晚上，皓月当空，正是夜战的良机。这里有一支日军的骑兵部队在宿营，满街都是马，日军正在酣睡之中。大刀队迅速解决了日军哨兵，挥舞着大刀，冲入日军营房，先扔了一阵手榴弹，紧接着趁日军混乱之机用大刀劈杀，日军被打得措手不及，很多人稀里糊涂地就做了刀下之鬼。大刀队又趁乱放火，日军其他部队见到火光，纷纷赶来增援。然而在夜间，日军的飞机大炮都发挥不了作用。尽管日军士兵也都是从入伍就接受刺杀训练，但在西北军英勇的大刀队面前，却占不到任何便宜。

在董升堂团与大批日军酣战之时，王长海团也赶到了狼洞子及白台子敌人的炮兵阵地。大刀队再显神威，一举夺取了敌人的阵地，砍杀了百余名正在睡觉的日军炮兵，并缴获了大量的火炮和弹药。

两支部队的袭击，让日军十分吃惊，他们迅速调集大批部队进行反扑，在人数上处于劣势的大刀队并不畏惧，依然与日军继续肉搏。随后，大刀队烧毁了日军的辎重粮草，炸毁了缴获的火炮和装甲车，在后续部队的掩护下撤出了战场，喜峰口战斗大获全胜。

日军自侵占东北以后，所遇抵抗轻微，夜间都是脱衣而睡，警备松懈，嚣张狂妄至极。经此次打击之后，人人都和衣持枪睡觉，甚至还有人晚上都戴着钢盔以防被砍头。连日本报刊都不得不承认喜峰口之战是“皇军的奇耻大辱”。

这次战斗开创了大刀队夜袭日军的先例，沉重打击了日军的嚣张气焰，全国人民的抗日热情为之高涨。1937 年作曲家麦新在创作抗日歌曲时，首先想到了这场战斗。于是一首鼓舞全国人民士气的经典歌曲一首《大刀进行曲》就此诞生了：“大刀向鬼子们的头上砍去！全国武装的弟兄们，抗战的一天来到了……”

历史评价。大刀队杀敌是自九一八事变以来的首次大胜，史称“喜峰口大捷”。据当地历史记载，从 3 月 9 日至 3 月 13 日的喜峰口血战中，歼灭日军 4000 余人。以赵登禹为首的二十九军大刀队的神勇使得全国振奋，也震惊了日本，日本国内媒体惊呼“明治大帝练兵以来皇军名誉，均在喜峰口外被宋哲元剥削净尽也”。

文化人格。扬长避短，克敌制胜，英勇无畏，雄风无二，敢于牺牲，敢于胜利。

狼牙山五壮士

生平业绩。1941 年 8 月，日本华北派遣军总司令冈村宁次，调动 10 万兵力向我晋察冀根据地发动大规模“扫荡”。9 月初，其先头部队 3000 人到达狼牙山地区，企图寻找八路军主力进行决战，由于敌强我弱，上级决定我军主力带领群众撤出狼牙山，转到外线安全地区。八路军晋察冀军区第一军分区一团七连六班接受了留在狼牙山阻击日军、掩护主力部队和群众撤离的任务。六班当时只剩 5 人，班长马宝玉、副班长葛振林、战士胡德林、胡福才、宋学义。他们接受任务后，赶到东山口，选择了一个叫“小鬼脸儿”的险要处，准备阻击敌人。

破晓时分，敌人开始了进攻，马宝玉沉着应战，等敌人走得很近时才令大家一起射击，手榴弹也接二连三飞进敌群，敌人一批批倒下。他们一时搞不清山上究竟有多少八路军，以为是碰上了主力，便下令炮轰。太阳已经偏西，按计划大部队也已转移完毕。马宝玉便下令撤退，刚走不远，发现前面是个岔路口，向北去是主力部队和群众转移的方向，他们可以很快归队，可敌人正尾随其后，肯定会追上来，那无疑将前功尽弃，并使主力部队和群众处于危险境地；向南走，通向棋盘陀是一绝路。此刻，宝玉毫不犹豫，果断下令向南走。5 个勇士一条心，宁可牺牲自己，也要保证主力部队和群众的安全。

五勇士边打边撤，并有意将行动暴露给敌人。敌人以为我军主力就在山上，紧紧咬住不放。五勇士凭据险要地形，又击退了敌人多次进攻，子弹、手榴弹用光了就用石头砸，最后连能搬动的石头也完了，面对拥上来的敌人，马宝玉神情庄严地对战士们说：“同志们，我们都是有骨气的中国人，宁死不投降！为祖国、为人民牺牲是光荣的！”五勇士折断枪支，从容走向悬崖。21 岁的马宝玉整整军衣、正正军帽，大喊一声：“同志们，跟我来！”第一个纵身跳下深谷。葛振林等 4 名战士也相继跳下悬崖。

五勇士悲壮之举，令一向骄横的“武士道”信徒们个个胆战心惊，直到这时他们才弄明白，数千日军围攻一天，耗费大量弹药，死伤数百人，原来与他们作战的只有 5 名八路军。

五勇士跳崖后，马宝玉等 3 人壮烈殉国，葛振林、宋学义在半山腰被树枝挡住，负伤脱险后返回部队。

5 位战士的壮举，表现了崇高的爱国主义、革命英雄主义精神和坚贞不屈的民族气节，被人民群众誉为“狼牙山五壮士”。

人物评价。1942 年春，晋察冀边区政府和人民在狼牙山上修建了“三烈士纪念塔”。1959 年和 1986 年，易县人民政府和河北省委、省政府先后在原址重新修建了“狼牙山五壮士纪念塔”。

2009 年 9 月 14 日，“狼牙山五壮士”被选入“100 位为新中国成立作出突出贡献的英雄模范”之列。

2014 年 8 月 29 日，经党中央和国务院批准，民政部公布“第一批著名抗日英烈和英雄群体名录”300 名，“狼牙山五壮士”是五个被列入的抗日英雄群体之一。

文化人格。意志坚定，不怕牺牲，舍身殉国，壮怀激烈，英雄气概。

王璞

生平业绩。也作王朴，幼名兰贵，1929 年生，河北完县（现顺平县）人。

王璞从小跟随父母参加抗日工作，11岁时被选为儿童团团长。他经常带领小伙伴们拿着红缨枪，站岗放哨查路条，给八路军送信带路，开展拥军优属活动。王璞工作认真，学习也很刻苦。他对自己要求很严格，每学一篇新课文，都要做到会认、会写、会讲、会用。

为了对付鬼子扫荡，民兵大搞地雷战，王朴不仅学会了布雷，还学会了造雷。一次，他用自制的地雷炸死了一个汉奸，还协助民兵抓住了两个鬼子。

1943年春天，日军对唐河两岸进行大“扫荡”。王璞的家乡野场村作为八路军冀中军区后勤供应处，成了日军的重点目标。5月7日，因汉奸告密，日军突然包围了躲藏着200多名群众的后石沟，并在山坡上架起了机枪，威逼群众说出八路军的枪支、弹药、粮食与服装的隐藏地点。鬼子拿着汉奸提供的名单，让村干部、干部家属和军烈属站出来，王璞和他妈妈张竹子挺胸昂首站在最前面。鬼子把刀架在王璞的脖子上，威逼他说出八路军兵工厂的枪支和弹药藏在哪里。王璞勇敢地推开鬼子的刺刀，带领在场的20多名儿童团员高呼：“我们不能忘记五不誓约，我们至死不当汉奸。”残暴的日本鬼子向在场的群众开了枪，制造了又一起杀人惨案——野场惨案。128名无辜群众倒在了血泊之中，其中包括14岁的王璞、王璞的母亲、弟弟和奶奶。

人物评价。晋察冀边区政府授予王璞“抗日民族小英雄”的光荣称号，并立了纪念碑。解放后他被共青团中央授予“全国十大少年英雄”的称号。1984年，共青团河北省委在全省少年儿童中集资，在省会石家庄青少年宫建造了一尊高大的“抗日民族小英雄王璞”汉白玉雕像。2014年8月29日民政部公布“第一批著名抗日英烈和英雄群体名录”，王璞入列。

文化人格。少年英雄，侠肝义胆，临危不惧，矢志不渝。

董存瑞

生平业绩。董存瑞（1929—1948），原名董春睿，河北省张家口市怀来县人，出身于贫苦农民家庭。1940年，南山堡建立抗日政权，参加儿童团并被选为儿童团团长。13岁时，因掩护区委书记（1942年，区委书记兼武委会主任王平）躲过侵华日军的追捕，被誉为抗日小英雄。15岁，成长为一名出色的小民兵。1945年春，董存瑞参加了当地抗日自卫队，同年7月参加了八路军，1947年3月加入中国共产党，1948年初春担任中国人民解放军东北野战军第十一纵队三十二师九十六团二营六连二排六班班长。先后荣立大功三次、小功四次，荣获勇敢奖章三枚、“毛主席奖章”一枚。

1948年5月初，董存瑞所在部队参加冀热察战役。5月25日，在解放隆化县的战斗中，因部队受阻于对方军队的桥形暗堡，董存瑞主动请缨前去爆破，途中左腿负伤，冲至桥下。因桥下无处安放炸药包，总攻开始了，紧急时刻，董存瑞用自己的身体充当支架，手托炸药包顶住敌堡，拉响导火索，牺牲时，未满19岁。

人物评价。1950年，全国战斗英雄、劳动模范代表会议决定，追认董存瑞为全国战斗英雄。毛泽东主席在会上亲切接见了董存瑞的父亲。1957年5月29日，朱德委员长为董存瑞烈士纪念碑写了“舍身为国，永垂不朽”的光辉题词。1998年，为纪念董存瑞烈士牺牲50周年，聂荣臻题词：“舍己为国，人之楷模”。张爱萍题词：“为国勇捐躯，万代颂英雄”。

2009年9月10日，董存瑞在中宣部、中组部等11部门组织的评选活动中，被评为“100位为新中国成立作出突出贡献的英雄模范人物”。

文化人格。舍生取义，不怕牺牲，勇于奉献，不计得失。

（五）保定人对燕文化的形成和传承有哪些贡献？

这里所言的保定人是指出生在保定或籍贯在保定，或功业在保定区域建立的人。

在燕文化形成和传承的历史上，保定人作出的贡献体现在以下几点：

首先，燕文化的代表人物以保定人为主体。燕昭王、郭隗、乐毅、秦开、荆轲、高渐离、田光、刘备、张飞、赵匡胤、杨延昭、佟麟阁、狼牙山五壮士、王璞等，均是保定人。

其次，燕文化的核心精神理念如慷慨悲歌、任侠好气、正道直行、自强不息等，皆为保定人首创并实践。

再次，作为燕文化代表人物的保定人如郭隗、乐毅、荆轲、高渐离、刘备、张飞、赵匡胤、杨六郎、佟麟阁、狼牙山五壮士等所创立的业绩和故事，妇孺皆知、家喻户晓、影响巨大而深远。

最后，自古至今，保定人对燕文化的传承绵延不断，同时燕文化也对保定人的文化人格塑造发挥了巨大作用。这可从雁翎队故事、冉庄地道战、敌后武工队、八路军冀中军区反扫荡、大茂山保卫战、雁宿崖-黄土岭战役等在保定大地上发生的诸多可歌可泣的抗日斗争故事中得到证明。

五、黄金台所体现的招贤纳士文化为何影响中国几千年？

（一）燕昭王为何要筑黄金台？

黄金台亦称招贤台，战国时期燕昭王筑，为燕昭王尊师郭隗之所。

燕昭王为何要筑招贤台，可从下面的历史故事中窥见端倪。

《战国策·燕策一》记载：燕国国君燕昭王（前311—前279）一心想招揽人才，而更多的人认为燕昭王仅仅是叶公好龙，不是真的求贤若渴。于是，燕昭王始终寻觅不到治国安邦的英才，整天闷闷不乐的。

后来有个智者郭隗给燕昭王讲述了一个故事，大意是有一国君愿意出千两黄金去购买千里马，然而时间过去了三年，始终没有买到，又过去了三个月，好不容易发现了一匹千里马，当国君派手下带着大量黄金去购买千里马的时候，马已经死了。派去买马的人用五百两黄金买了千里马的马骨。国君生气地说："我要的是活马，你怎么花这么多钱弄一匹死马的骨头来呢？"国君的手下说："你舍得花五百两黄金买死马骨，更何况活马呢？我们这一举动必然会引来天下人为你提供活马。"果然，没过几天，就有人送来了三匹千里马。郭隗又说："你要招揽人才，首先要从招纳我郭隗开始，像我郭隗这种才疏学浅的人都能被国君采用，那些比我本事更强的人，必然会闻风千里迢迢赶来的。"

燕昭王采纳了郭隗的建议，拜郭隗为师，为他建造了宫殿，后来没多久就引发了"士争凑燕"的局面。投奔而来的有魏国的军事家乐毅，有齐国的阴阳家邹衍，还有赵国的游说家剧辛等。落后的燕国一下子便人才济济了。从此以后一个内乱外祸、满目疮痍的弱国，逐渐成为一个富裕兴旺的强国。接着，燕昭王又兴兵报仇，将齐国打得只剩下两个小城。

黄金台故址位于河北省定兴县高里乡北章村台上（台上隶属于北章村，

由黄金台在此而得名），目前遗址尚存。

定兴黄金台遗址

当时黄金台略成方形，占地约40亩，高约20米，台顶平台约15亩。台顶后建昭王殿，高约8米，两侧为招贤馆，东有钟鼓楼，钟高2米，重约1吨。殿后为进院，内有观音殿；再后为三进院，内建药王庙、孙圣殿、露天石佛等。整个台上殿、堂、阁等建筑共25间有余，树木花卉盈庭。同时并建一寺，名隆兴，正殿前上嵌宝镜，内有僧侣数十人。殿前凿有一井，后人称金台古井，传说每值夕照，通过宝镜反射，井内呈现类松似柏的奇数影像，为定兴县八景之一的"金台夕照"。

据史料考证，燕昭王于公元前311年即位，至公元前279年共执政33年。他即位之初即着手招徕人才。有感于千金买骨的故事，高筑"黄金台"以招贤纳士。推测筑台时间起于公元前310年。当时只言筑台而无"黄金"二字，自鲍明远（南朝宋文学家，即鲍照，史称鲍参军）《放歌行》"岂伊白璧赐，将起黄金台"始见黄金台之名。

（二）历史上有哪些经典的招贤纳士故事？

除了上述的燕昭王招贤故事外，中国历史上脍炙人口的招贤故事还有许多，比如：

商汤币聘伊尹

在中国招贤纳士的历史可以追溯到3000年前的殷商时代。《孟子》一书中说道，商朝的第一代君王商汤就曾五次以"币聘"伊尹辅佐国政。传说在夏朝末年，商汤为了推翻夏桀的暴虐统治，大肆网络人才。当他得知在伊水，也就是今天的河南开封一带，有个叫伊挚的人具有非凡的治国才能，便先后5次带着玉、帛等厚礼前去聘请他。最后功夫不负有心人，终于成功地请到了他，伊挚也不负众望，在他的帮助下，商汤成功地消灭了夏朝，建立了大商王朝，商汤后来封伊挚官名为“尹”，于是就有了殷商时期的首席贤相——“伊尹”。

周文王招贤姜子牙

姜子牙，姜姓，也叫姜尚，字牙，东海人，据说是炎帝的后代，学问渊博，曾在商纣手下做事。关于他如何成为周臣，有几种传说，但几乎一致的说法是直到他年老才在垂钓巧遇周文王，周文王和他交谈，发现他见识非凡，非常兴奋地说：“当初我的太公曾经说过一定会有圣人到周地，周将靠他而兴旺。您就是这位圣人吗？ 吾家盼望您很久了！”于是称他为“太公望”，立姜尚为国师。

萧何月下追韩信

秦末农民战争中，韩信仗剑投奔项梁军，项梁兵败后归附项羽。他曾多次向项羽献计，始终不被采纳，于是离开项羽前去投奔了刘邦。有一天，韩信违反军纪，按规定应当斩首，临刑时看见汉将夏侯婴，就问道：“难道汉王不想得到天下吗？为什么要斩杀壮士？”夏侯婴以韩信所说不凡、相貌威武而下令释放，并将韩信推荐给刘邦，但未被重用。后韩信多次与萧何谈论，为萧何所赏识。刘邦至南郑途中，韩信思量自己难以得到刘邦的重用，中途离去，被萧何发现后追回，这就是小说和戏剧中的“萧何月下追韩信”。此时，刘邦正准备收复关中。萧何就向刘邦推荐韩信，称他是汉王争夺天下不能缺少的大将之才，应重用韩信。刘邦采纳萧何建议，二月，择选吉日，斋戒，设坛场，拜韩信为大将。从此，刘邦文依萧何，武靠韩信，举兵东向，争夺天下。

刘备三顾茅庐

汉末刘备三次诚访诸葛亮出山辅佐的故事，此后传为佳话，渐成典故，载《三国志·蜀志·诸葛亮传·出师表》。其云：“先帝不以臣卑鄙，猥自枉屈，三顾臣于草庐之中。”

官渡大战后，曹操打败了刘备。刘备只得投靠刘表。曹操为得到刘备的谋士徐庶，就谎称徐庶的母亲病了，让徐庶立刻去许都。徐庶临走时告诉刘备，南阳卧龙岗有个奇才叫诸葛亮，如果能得到他的帮助，就可以得到天下了。

第二天，刘备就和关羽、张飞带着礼物，到卧龙岗去拜访诸葛亮。谁知诸葛亮刚好出游去了，书童也说不准什么时候回来，刘备只好回去了。

过了几天，刘备和关羽、张飞冒着大雪又来到诸葛亮的家。刘备看见一个青年正在读书，急忙过去行礼。可那个青年是诸葛亮的弟弟，他告诉刘备，哥哥被朋友邀走了。刘备非常失望，只好留下一封信，说渴望得到诸葛亮的帮助，平定天下。

转眼过了新年，刘备选了个好日子，又一次来到隆中。这次，诸葛亮正好在睡觉。刘备让关羽、张飞在门外等候，自己在台阶下静静地站着。过了很长时间，诸葛亮才醒来，刘备向他请教平定天下的办法。

诸葛亮给刘备分析了天下的形势，说："北让曹操占天时，南让孙权占地利，将军可占人和，拿下西川成大业，和曹、孙成三足鼎立之势。"刘备一听，非常佩服，请求他相助。诸葛亮答应了。那年诸葛亮才 27 岁 。

曹操三颁求仙令

曹操认为："天地间，人为贵"，"为国失贤则亡"。为了实现统一天下的抱负，他曾先后三次下令广求贤才。建安十五年（210 年），他在《求贤令》中提出"唯才是举"的选拔人才原则，突破了当时选人唯凭家世门第的藩篱。建安十九年（214 年），他在《敕有司取士毋废偏短令》中进一步强调说："夫有行之士，未必能进取，进取之士，未必能有行也。陈平岂笃行，苏秦岂守信邪，而陈平定汉业，苏秦济弱燕。由此言之，庸可废乎！有司明思其意，则士无遗滞，官无废业矣。"在建安二十三年（218 年），曹操又在《举贤勿拘品行令》中，列举出伊尹、傅说、管仲、萧何、曹参、韩信、陈平、吴起等人，说他们虽然"负污辱之名，有见笑之耻"，但却"卒能成王业，声著千载"。为此，他下令："今天下得无有至德之人放在民间，及果勇不顾，临敌力战，见笑之人，或不仁不孝而有治国用兵之术，其各举所知，勿有所遗。"三次求贤令，实实在在地反映出曹操求贤若渴以成王业的迫切心情。在他的诗文中，也一再强调人才的重要性。

曹操重视贤才，不拘一格，唯才是举，所以在他的周围，谋臣似雨，猛将如云。

（三）贤能文化为何主导中国社会几千年？

贤能文化是中国传统文化的重要组成部分，并对中国几千年的政治体制和社会治理体系影响巨大。

贤能即具有才华的贤德之人。所谓贤能文化，是指社会普遍奉行和推崇德才兼备的价值观和人才观，并以贤能之人为榜样和楷模的社会意识形态。

底层荐贤举能，上层招贤纳士，以有大贤大能者参与政事、教育、裁判、社区治理等体现社会公平正义诸方面事务，维系社会稳定与发展，是贤能文化实践在中国几千年历史中的反映。

中国的贤能思想在历史上起源很早。据传尧、舜、禹、汤、文、武和周公都是因为贤能突出而被推举出来主政的。人们对明君、贤相、良将的期盼和推崇，对贤师良友的渴求，无不体现着贤能文化对人生观和价值观的影响。

贤能文化的核心是中国传统文化的人才观，它包括了人才的定位、人才标准、人才选用、人才考核等丰富的内涵。匡扶社稷、定国安邦、经世济民，彰显人才的重要地位，而德才兼备是人才的选用标准，知人善用、唯才是举是人才的选用模式，德能勤绩则是对人才的考核依据。

从先秦时期的选士、养士制，历经两汉时期的察举制（举孝廉），魏晋南北朝时的九品中正制，到隋唐至清代的科举制，及至现代的干部选拔使用，都是中国贤能文化在人才选用制度上的体现。这一文化及其制度体系主导了中国社会两千余年，即便当代仍基本实行的是贤能政治。

六、三国时刘关张桃园结义故事对后世中国文化产生了哪些影响？

（一）三国演义中桃园三结义故事是真的吗？

1. 三国演义中刘关张桃园结义的故事是如何形成的？

刘关张桃园结义不见于正史，但经《三国演义》的渲染却深入人心、影响甚大。明代高儒议论罗贯中的创作来源是“据正史，采小说”，则桃园结义亦是作者融会来自史籍、民间传说的积极因素加以文人创作而成。[1]

刘关张桃园结义的故事，至迟在元代中期就已出现，现存最早关于此事

[1] 罗勇，《刘关张桃园结义故事流变考》，《语文建议》，2005 年第 21 期。

涿州三义宫

的完整叙述，见于元代中叶刊刻的讲史说话《至治新刊全相平话三国志》（以下简称《平话》），书中叙述关羽因杀县令逃往涿郡，张飞见关羽状貌非俗、有大丈夫之志，邀去酒肆喝酒，相谈之下有如契旧。恰逢刘备贩履卖讫亦入酒店喝酒，二人观其状貌非俗，遂上前进酒。三人同坐同饮，意气相投。张飞邀二人前往其宅，并于宅后桃园内小亭上置酒欢饮。饮间各叙年甲，于是结义，不求同日生，只愿同日死。由《平话》叙述可知，一是三人相聚结义起初并未有多少理性色彩，相识的直接原因是彼此都生得状貌“非俗”“非凡”，交谈后三人又“言语”“意气”相投，互为其与众不同的外貌和气质所吸引。二是张飞在结义中发挥主导作用。相识关羽，是张飞主动“纵步向前，见关公施礼”，并“邀关公于酒肆中”；相识刘备，是“飞邀德公同坐”；相聚桃园，亦是“飞遂邀二公亭上置酒”，张飞成为桃园结义故事的推动者。三是结义中始终伴有草莽酒肉气。三人相聚结义始终以酒为媒，不仅“把盏相劝”“接盏便饮”，而且“三人欢饮”；结义也无明确目的，只有模糊的一句誓词“不求同日生，只愿同日死”，江湖草莽气颇重。

元代叙述三人结义事者还有无名氏杂剧《刘关张桃园三结义》，叙述关羽杀蒲州州尹后逃往涿州范阳，搬动张飞用以压刀的千斤巨石，张飞得知后到客店相访，并拜关羽为兄长。二人又遇见刘备，相谈甚是投机，后刘备大醉而卧，赤练蛇出入七窍，关、张二人于是共拜刘备为兄长，并在城外桃园祭告天地，结为生死之交。此叙述与《平话》最大不同，在于将刘、关、张三人的相会展开为一个完整故事，不似《平话》那样突兀，且以“千斤巨石”展现关、张二人的武力，以“蛇入七窍”显示刘备的不凡，饶有趣味，但又未免荒诞。细节方面，二者亦有不同，一是关羽早年的经历，《平话》说他杀死贪财好贿、酷害黎民的县令，杂剧则言其杀死图谋自立为诸侯的州尹臧一贵；二是张飞的身份，《平话》仅记其“家豪大富”，杂剧明确张飞是“卖肉为活”的屠夫；三是关、张二人吃酒，《平话》中是张飞请关羽，杂剧则是关羽自备“蔬食薄味”请张飞；四是《平话》着重描写三人的容貌，杂剧则侧重叙述三人的志向；五是结义的地点亦有不同，《平话》中桃园在张飞住宅之后，杂剧则说桃园在涿州城外；六是三人所使用的兵器，《平话》结义时未曾提及，杂剧不仅予以明确，而且对各自的武艺予以渲染，凸显三人本领。

刘、关、张三人桃园结义在元末明初罗贯中创作的《三国演义》（以下简称《演义》）中正式定型，《演义》以“祭天地桃园结义”为题将故事置于书首，并结合史传记载与民间传说，使桃园结义的故事情节更加合情合理，人物性格更加鲜明突出，此后演说结义故事，均是以《演义》的叙述为蓝本而来。

比较《演义》和《平话》、杂剧所叙，其间又有不同。一是《演义》所叙桃园结义是有一定的时代背景的。《演义》首卷虽主叙结义故事，但故事的开端却是中涓弄权朝政混乱、黄巾起义天下大乱，在此背景下，刘、关、张三人心系天下安危，胸怀报国大志，因黄巾作乱而相遇，因志同道合方结义，欲同心协力以图大事报效国家。《平话》虽叙黄巾事，但三人相遇、结义却与之无关，相遇是因为三人非凡的状貌，结义更多是因为“三人欢饮”，意气相投。杂剧中关、张结拜是武将间的惺惺相惜，与刘备结义则是见其醉酒后蛇钻七窍，知其必贵而拜为兄，无关乎义气反而颇有些势利。二是《演义》的结义显得正式而庄重。虽然都是“宰白马祭天，杀乌牛祭地”，但《平话》写来过于粗略，似乎是“欢

涿州张飞庙

饮”中的一时冲动，匆忙而又急促，于喝酒间便把事情办了。杂剧的结义则显得有些儿戏，不问年纪大小就拜刘备为兄长，丝毫不顾长幼有序的伦理道德。《演义》则严肃得多，烧纸焚香，共叙誓词，并“同拜玄德老母”，很有气魄和豪情，不愧为英雄壮举。三是《演义》的结义目的明确，行动迅速。杂剧中结义目的是明确的，“同扶刘室之华夷，共辅汉朝之基业”，但行动却是等着皇甫嵩的宣诏，缺乏为国效劳的主动性和积极性。以上三点不同，使得桃园结义故事最终定型，以至于《演义》面世后，桃园结义故事便风靡社会，引得民间纷纷效仿，清代邱炜萲就曾于《五百洞天挥麈》中评论说“自有《三国演义》出，而世慕为拜盟歃盟之兄弟、占星排阵之军师者多。邯郸学步，至死不顾”。

配合桃园结义故事的叙述，罗贯中在细节上亦有所调整和修饰。一是人物的出场，《平话》和杂剧首先出场者均为关羽，并着意强调关羽除恶、除霸事由，这是市井平民渴望侠士除暴安良的朴素反映，具有民间草莽义气色彩。《演义》改换为刘备，使得结义一开始就和国家大事“平黄巾”相连，涂上厚厚的报效国家的忠义色彩。二是三人的话语更符合人物性格，《演义》中张飞因刘备的长叹而“厉声”相问，真一个心直口快，刘备的回答则彰显其凌云壮志和耿耿忠心；关羽的言语则颇有些“自矜”之色。三是三人的兵器，并非像杂剧所叙好似随身携带，而是结义后得镔铁打造而成，显得更合乎情理。这些细节处的调整和修饰，不仅表现出罗贯中不同于民间艺人的精心、细密的艺术构思能力，而且提高了桃园结义的文学品位，使之能够被广为认可和接受。

刘关张桃园结义的故事，自《三国演义》流传以来，至今仍为人津津乐道，不得不说，经过漫长的历史考验，罗贯中根据史籍所载，结合民间传说加工再创造的桃园结义故事，有着巨大的艺术魅力。结义故事从无到有，从简短、粗糙到委曲、精致，是史官文化、民间文化和文人之笔的共同推动，它们在不同历史时期从不同方面加深着结义故事的文化内涵，使之成为《三国演义》中一处具有深厚文化底蕴的经典性情节故事，经久不衰。

2. 历史上真实的刘关张关系如何？

陈寿的《三国志》是最早作刘备、关羽、张飞三人传记的史书，其中刘备为主、关张为臣，三人有着明确的君臣等级之分，并非兄弟式的平等关系。

但《三国志·关张马赵黄传》亦载三人关系非同一般："先主与二人寝则同床，恩若兄弟。而稠人广坐，侍立终日，随先主周旋不避艰险。少与关羽俱事先主，羽年长数岁，飞兄事之。三人虽未结拜，却如兄弟般相处。在时人眼中，刘、关、张三人的关系亦是非常紧密。"《三国志》载费诗在劝关羽受前将军职时说"王与君侯，譬犹一体，同休等戚，祸福共之"；刘烨在判断刘备将出兵为关羽报仇时也说"关羽与备，义为君臣，恩犹父子；羽死不能为兴军报敌，于终始之分不足"。三人的情谊在其他史书中亦有描述，《华阳国志》载："河东关羽云长、同郡张飞益德并以壮烈为御侮。先主与二子寝则同床，食则共器，恩若弟兄，然于稠人广众中侍立终日。"《资治通鉴》亦载："备少与河东关羽、涿郡张飞相友善……备与二人寝则同床，恩若兄弟。而稠人广坐，侍立终日，随备周旋，不避艰险。"虽与《三国志》多有重复，但三人亲密的兄弟式的关系，是得到历史学家一致认可的。

至于三人情谊甚重的原因，根据《三国志》所载，起初可能是因为刘备"善下人，喜怒不形于色，好交结豪侠"，以人格魅力吸引关、张。随后在征战天下的过程中，三人奔波忙碌，或寄人篱下，或四处游荡，几度失散，几番重逢，历经艰难，不弃不离，在患难与共中建立了深厚的情感。乃至于刘备每次授官，关、张二人总是被刘备委以重任。如刘备初授平原相，即"以羽、飞为别部司马，分统部曲"；定江南，即以关羽为"襄阳太守、荡寇将军"，以张飞为"宜都太守、征虏将军"；为汉中王，则"拜羽为前将军，假节钺"，"拜飞为右将军、假节"；此外，刘备定益州时还"拜羽董督荆州事"，即皇帝位时则任命张飞"领司隶校尉"。关羽、张飞所任均是位高权重之职，并未出现"兔死狗烹、鸟尽弓藏"无情无义之举。当曹操希望关羽弃刘从曹时，关羽即言："吾受刘将军厚恩，誓以共死，不可背之。"所以关羽、张飞跟随刘备至死不渝，不仅是因为二人的眼光和胆量，更是三人间高度信任的亲密情感所致。

由此可见，历史上刘、关、张三人的关系，一是很紧密，可同患难、共富贵，情谊堪比兄弟；二是三人并未结拜，其相处始终未突破君臣界限；三是给后人留下很大的想象和发挥空间，毕竟战乱频仍的三国时期，亲朋好友反目成仇比比皆是，假为父子如吕布与丁原、董卓，亲为兄弟如袁谭与袁尚，皆能刀斧相加；而异姓的刘、关、张，萍水相逢于乱世，能"恩若兄弟"般相处，确属难能可贵。

（二）虚构的桃园结义故事为什么被演绎传颂？

“桃园三结义”这样一个虚构的故事，为什么会影响这么大而久远呢？最主要的原因是《三国演义》这部小说、“桃园三结义”故事本身以及后续的发展都非常精彩，作为文学作品本身就有足够的传播力。[1]

除此之外，还有下面三个原因。

第一个原因，“桃园三结义”融入了“忠孝节义”的传统道德规范，符合民众的道德审美。

“桃园三结义”的故事在流传过程中，逐渐融入了中国传统文化中一些优秀道德品质，比如忠孝节义等。故事本身成了这些美德的范本，在老百姓中很受欢迎。

这尤其反映在对关羽的神化上（当然统治阶级也在宣传、神化和利用关羽的形象）。在《三国演义》的故事中，关羽被刻画成为“义绝”，是一个仁义礼智信的综合体。具备这些优良品质的关羽，成为底层老百姓的精神支柱，被尊为“武圣”，和“文圣”孔子齐名，在民间受到敬奉的程度甚至超过孔子。

而且，“桃园三结义”同时还发挥着道德教化的作用。它以故事作为载体，只需要听和说，不需要读和写（那时读写并不像现在这样普及），只用很低的成本就能够完成说教的目的，所以上上下下都很欢迎。

第二个原因，统治者对“桃园三结义”的宣传和利用。

“桃园三结义”故事成型后，明朝统治者似乎没怎么用，但清朝统治者本着“拿来主义”的精神，用得很溜。

据《清稗类钞》卷六十四记载：“本朝羁縻蒙古，实利用《三国演义》一书。当世祖之未入关也，先征服内蒙古诸部，因与蒙古诸汗约为兄弟。引《三国演义》桃园结义事为例，满洲自认为刘备，而以蒙古为关羽。其后入帝中夏，恐蒙古之携贰也，于是累封忠义神武灵佑仁勇威显护国保民精诚绥靖

[1] 卡卡，《刘备关羽张飞桃园三结义，一个虚构的故事，为何能千古传颂？》，豆瓣，2019年。

翊赞宣德关圣大帝，以示尊崇蒙古之意。”

简单翻译一下，就是清朝统治者自认刘备，让蒙古当关羽，约为兄弟，以此来维持对蒙古的统治。后来清军入关，怕蒙古叛乱，清朝统治者就给关羽贴上一长串又威风又好听的标签，什么“忠义神武”“仁勇威显”之类，把关羽捧得高一点，以此表示对蒙古的看重。

清朝用桃园三结义的故事笼络蒙古诸汗，不知道真是“桃园三结义”的故事感动了蒙古还是其他原因，反正整个清朝统治时期，蒙古诸汗大多和清朝关系良好。

第三个原因，民间组织对“桃园三结义”的宣传和利用。

建设性有多大，破坏性有多大，“桃园三结义”被统治者利用的同时，也被民间组织利用。民间组织同样以桃园结义为精神偶像，召集下层民众，实现自己的目的，包括反清的政治目的。

清代很多民间组织在入会仪式上，都会插上桃枝，表示要学习桃园三结义的精神。著名的天地会，更是将“桃园三结义”写入“三十六誓”中，强调“务相要桃园结义风”，要求会中成员以忠义为本，孝顺父母，和睦乡党。天地会的誓言杂糅了传统道德伦理，以忠孝节义来规范成员行为，这已远离桃园结义的初衷，但却达到了凝聚力量的目的。

三义庙是很多民间组织结盟的首选地点。而且，这些民间组织在盟誓时，通常选择在纪念刘关张的三义庙中进行，以加强仪式感。

总之，“桃园三结义”作为民间组织和底层民众效仿的楷模，已经深入整个社会。梁启超曾在《论小说与群治之关系》中说：“今我国民绿林豪杰，遍地皆是，日日有桃园之拜，处处为梁山之盟……”

就是这样，“桃园三结义”的故事，在各个时代，被各个阶层，为了不同目的反复地传播、宣传、利用，终于从子虚乌有到了人人皆知，并且让很多人信以为真。

（三）忠义文化与燕文化是什么关系？

中国的忠义文化历史悠久。春秋战国时期由于生产力的变动，导致土地制度的变动以及选官制的变动，这为忠义精神的发展提供了最为纯粹的土壤。而这一时期是中国忠义文化的形成时期，中国的忠义精神由此产生并成为社会主流文化。孔子在论语中说：“吾日三省吾身：为人谋而不忠乎？与朋友交而不信乎？传不习乎？”这也体现了一种忠义观念，这种忠义观念并不是对于帝王的忠诚，而是一种对朋友的忠义，对朋友的义薄云天。并且春秋战国时期的“士为知己者死”的观念更是那个时代的主流思想，无论管子和鲍叔的感人故事，还是信陵君的“窃符救赵”，更是要离、专诸、聂政、荆轲的从容与潇洒，尤其是战国四刺客，在他们身上我们可以看到早期的“王侯将相宁有种乎”精神，这可能也是太史公给我们传达的一种思想。这种士为知己者死的氛围就是为什么后来的士大夫们如此羡慕三代之治的原因之一。有学者指出，春秋时晋国的主流文化就是文章里所提到的忠义精神，由于晋国所在的河西地区生产力发展较为快速，较早地出现了铁犁牛耕的形式，因此晋国的生产方式也发生了巨大的变化，而这种生产力带来的变化带来了选官制的变动，高专城先生在他的《试析作为晋国社会核心价值的忠义精神》一文中指出，由于晋国全社会大范围调整世袭制度，军功制替代了世袭制，而催生出一种新的社会文化形态，而这种新的文化心态就是最朴素的忠义精神，因为军功制改革打通社会阶层间的流动渠道，将社会下层阶级与上层阶级相联系，这就是忠义精神形成的原因。换句话说，井田制的崩溃以及铁流牛耕的产生才是形成忠义精神的根本原因，这一现象贯穿于春秋战国，如秦国的商鞅改革，魏国的李悝改革，以及战国四公子的养士形式。当然，这也离不开晋国的强大对于四方诸侯的影响。并且，高先生还指出，春秋时期的礼崩乐坏也推动了忠义精神的形成与发展，“曲沃代翼”便是其中典型的例子。小宗取代大宗是不符合传统周礼思想，是违背当时主流思想的，这时候需要一种新的文化信仰来支撑晋国度过这最艰难的时期，而忠义精神正好为曲沃武公提供了一个良好的思想范畴，增加自己政权合法性，当然后来的三家分晋，和田齐代姜是一个道理，所以我们可以看到，我们熟知的“专诸、聂政、豫让、荆轲”四刺客都出现在战国后期，正是受到了忠义精神的影响才会有士为知己者死的思想。

因此，忠义也是燕文化的重要内涵。舍生取义、忠诚不贰、忠义两全，上升到价值观和信仰层面就成为忠义文化。受人之托，忠人之事，舍生取义，为人处世义字当先，以荆轲刺秦王为开端，以刘备、关羽和张飞桃园结义故事为巅峰，忠义文化作为燕文化的主流，影响久远。

（四）古今保定人是如何实践忠义文化的？

在两千余年的历史长河中，践行忠义文化的保定人代表有荆轲、高渐离、刘备、关羽、张飞、杨延昭、佟麟阁、梁鉴堂、杨杰、狼牙山五壮士、王璞等。从他们的生平业绩中可以看出，这些人物作为保定人的杰出代表，在为人行事中从以下几方面践行忠义文化：

一是，忠诚于国家、民族和朋友，忠于职守和事业，尽心竭力，不计个人得失。

二是，义字当先，舍生取义，义薄云天，无私无畏，士为知己者死，明知山有虎偏向虎山行，明知不可为而为之。

三是，壮怀激烈，信念至上，不辱气节，生当作人杰、死亦为鬼雄。

上述保定人物，除关羽、梁鉴堂、杨杰外，其他先贤英雄生平业绩，本书在前面第四问燕文化代表人物中已有介绍，关羽、梁鉴堂和杨杰生平业绩补介在此。

关羽（161 — 220），字云长，河东解良（今山西运城）人，东汉末年蜀国名将。关羽籍贯和出生地虽不在保定地域，但其事业起步在涿州，刘关张结义的故事起源于涿州，作为忠义的首席代表人物，关羽逐渐被神化，成为官民共推的忠义文化符号和信仰。

关羽早年因犯事逃离家乡至幽州涿郡。中平元年（184 年），刘备在涿县组织起了一支义勇军参与扑灭黄巾军的战争，关羽与张飞同在其中。刘备辗转担任许多官职后，投奔昔日同窗公孙瓒，被封为平原相，任关羽、张飞为别部司马，分统部曲。三人情同兄弟，常一起同床而睡，当刘备坐下时，关、张二人更不辞辛劳随身守护。

建安五年（200 年），曹操派刘岱、王忠攻打刘备，却被刘备击败，曹操于是亲提大军出征，刘备败逃，关羽战败被生擒，不得已而投降，曹操待以厚礼，任命为偏将军。后袁绍派大将颜良、文丑、郭图等攻东郡太守刘延于白马，曹操亲自率军救援，并命张辽与关羽为前锋。关羽望见颜良的麾盖，策马冲锋，斩杀颜良于万军之中，枭首而归，袁军将领无人能挡，白马之围被解，关羽被封为汉寿亭侯。

当时，曹操为知道关羽是否有久留的心意，叫张辽用人情试探。关羽对张辽叹息道："我知道曹公对我的厚爱，但我受刘备将军的厚恩，发誓共死，不可背弃。我终不会留下，在为曹公立下功劳后我便会离去。"张辽向曹操表明，曹操知道关羽会离去，反而重加赏赐，想要留住他，但关羽尽封曹操的赏赐，留书告辞，回到刘备身边。曹操左右欲追杀之，不过曹操认为各为其主而阻止。民间文化把这一段故事叫作"千里走单骑"。

赤壁之战后，刘备助东吴周瑜攻打南郡曹仁，别遣关羽绝北道，阻挡曹操援军，曹仁退走后，关羽被封为襄阳太守。刘备入益州，关羽留守荆州。建安二十四年（219年），关羽围襄樊，曹操派于禁前来增援，关羽擒获于禁，斩杀庞德，威震华夏，曹操曾想迁都以避其锐。后曹操派徐晃前来增援，东吴吕蒙又偷袭荆州，关羽腹背受敌，兵败被杀。

关羽去世后，逐渐被神化，被民间尊为"关公"，又称美髯公。历代朝廷多有褒封，清代奉为"忠义神武灵佑仁勇威显关圣大帝"，崇为"武圣"，与"文圣"孔子齐名。

梁鉴堂（1897—1937），字镜斋，保定市蠡县人。1920年入日本陆军士官学校第13期炮科学习，毕业后，到第十五混成旅孙岳部任职。历任参谋、团长、旅长等职。1931年12月，梁鉴堂所部被编入第三十三军六十九师，任第二〇三旅旅长。1937年七七事变后，日本侵略军全面入侵中国，派兵由河北入侵山西。南口张家口战役后，日本关东军察哈尔派遣兵团占领山西大同，立即以一部向丰镇（今属内蒙古）进攻，主力向雁北地区进攻。日军第5师团从河北宣化、新保安西下，连陷广灵、灵丘、浑源等晋东北城镇。9月下旬，日军统帅部命板垣征四郎率第5师团及察哈尔派遣兵团主力进攻山西内长城防线，企图向太原发展进攻。中国第二战区司令长官阎锡山部署太原会战，指挥所部退守内长城的平型关、雁门关、神池一线。梁鉴堂奉命率部在繁峙以北的茹越口正面阵地布防，配合友邻诸部，迎击日军。9月27日，日军铃木旅团一部2000余人，附重炮30余门，猛攻茹越口阵地，以威胁平型关防线中国军队的侧背。阵地工事一半被炮火轰毁，防线几至动摇，梁鉴堂遂亲赴最前沿阵地督战，振奋官兵士气，与日军展开肉搏。时以援兵不至，粮弹尽绝，不得已抽调兵力出袭日军侧后，而削弱了正面的防守力量，部下伤亡过半。28日下午1时，茹越口阵地被日军突破，梁鉴堂指挥余部，退守繁峙以北的铁角岭阵地。29日，进犯茹越口的日军得到补充后，以大部兵力直冲铁角岭，梁鉴堂只得督率少数部队与日军鏖战，不幸壮烈殉国。

2014 年 9 月 1 日，梁鉴堂被列入民政部公布的第一批 300 名著名抗日英烈和英雄群体名录。

杨杰（1895—1937），字子英，河北省容城县人。黄埔军校第 4 期毕业。历任国民革命军营长、团长、第一师第一旅副旅长。

1937 年 8 月淞沪会战中，国军第一军第一师第一旅副旅长杨杰少将，奉命率部扼守西塘，战况异常惨烈呈绞肉机状态，阵地数度易手，1937 年 10 月 11 日晚，日军冲锋破我军阵地，上级询问战况，将军答："尚能支持，不需后援。"言毕，亲率预备队前去逆袭，不幸身中数弹，壮烈殉国。

1993 年，民政部追授烈士。2015 年 8 月 24 日，被列入民政部公布的第二批 600 名著名抗日英烈和英雄群体名录。

七、曲阳北岳庙蕴含着哪些中华文化？

（一）北岳庙为何坐落曲阳？

据史学家考证，五岳制度始于汉武帝，汉宣帝确定以今河南的嵩山为中岳，山东的泰山为东岳，陕西的华山为西岳，安徽的天柱山为南岳，河北的恒山为北岳。其后又改今湖南的衡山为南岳，隋以后遂成定制。从西汉到金元历代史书都明确记载恒山在曲阳县西北，主峰大茂山，又名神仙山（在今河北省阜平县东北缘、唐县西北缘、涞源县西南缘）。由于历史上的种种原因，明代又以今山西浑源的玄武山为恒山，但秩祀仍在曲阳，至清初顺治十七年（1660 年）始改祭岳于浑源。

曲阳北岳庙坐落于县城西侧（地理坐标 114°41′28.0″E，38°37′14.7″N），西北距古北岳大茂山主峰奶奶顶直线距离约 70 千米，在五岳中是主山与祭庙之间距离最远的。中岳庙和嵩山的距离为 9 千米。南岳大庙到南岳主峰祝融峰直线距离约 6 千米。北、中、南三岳的主山与祭庙的方向坐落均呈北偏西－南偏东方向的轴线上，祭庙在主峰山脚下的南偏东位置。山为头、庙为脚，庙在山脚下，这与道教的风水文化有关。

据载北岳庙汉称北岳祠，唐称北岳安天王庙，宋称北岳安天元圣帝庙，元称北岳安天大贞元圣帝庙，到明时去掉历代所加封号，改称为北岳庙。北岳庙始建于南北朝北魏宣武帝景明、正始年间（500—508年），唐贞观年间重修。宋初北岳庙为契丹所焚，淳化二年（991年）又重修。此后，该庙曾于宋、元、明、清各代进行过多次维修与扩建。清顺治十七年（1660年）以前1700多年间，曲阳北岳庙一直是历代封建帝王祭祀北岳恒山之神的场所。

北岳庙（甄丛达摄）

（二）中国人为何有山岳信仰崇拜?

山岳崇拜是自然崇拜观念中的一种。

古代中国人对山岳有一种神秘感，《说文解字》解释“山”字说：“山，宣也。谓能宣散气、生万物也，有石而高。”有研究表明，世界上几乎所有民族都存在对山岳的崇拜。人类社会早期崇拜山岳的主要原因有两点：一是山岳的自然条件。很多山岳高大雄伟、深山险阻，又有奇禽异兽栖息于内，具有人难以接近的神秘性。这样的山峰，常会被古人看作具有神力或神灵居所，或是通往上天的通路而受到崇拜；二是由山峰奇特的形状和山中特殊的物产等自然条件引发人们对山岳的联想，幻想山岳是某种神灵的化身，或者是有某种神灵在守护、管理着山中的奇珍异宝。总体而言，是山岳本身奇特的自然条件吸引着古人对山岳产生崇拜，进而祭祀山岳。

（三）五岳概念是何时形成出现的?

中国人谈及山岳风光，必称“三山五岳”，“三山”乃是上古传说中神仙居住的地方（蓬莱、方丈、瀛洲），“五岳”则是远古山神崇拜、五行观念和帝王巡猎封禅相结合的产物，后为道教所继承，被视为道教名山的五座名山的总称，即东岳泰山、西岳华山、北岳恒山、中岳嵩山、南岳衡山。

除引人入胜的优美自然风光，五岳还承载着丰厚的文化内涵。在古代中国，五岳是国家疆域的象征，是帝王举行受命于天、拥有天下象征的封禅圣地。自然风光与人文内涵的相得益彰，使得五岳成为中国人膜拜的圣山。

五岳信仰来源于古代中国的山岳信仰，据《礼记·王制》记载，上古舜帝时天子已经对五岳进行祭祀："天子五年一巡守。岁二月，东巡守，至于岱宗。柴而望，祀山川。……五月南巡守，至于南岳，如东巡守之礼。八月西巡守，至于西岳，如南巡守之礼。十有一月北巡守，至于北岳，如西巡守之礼。"考虑到当时的交通情况，这极可能是后人根据西周之后天子祭祀山神情况创造出来的传说，不可信以为真，但表明对五岳的尊崇由来已久。

五岳原本只是中国众多名山大川中的几座著名山岳，在经历了漫长的演变过程后，最终成为中国人心目中的山岳崇拜代表。

据考古资料显示，殷人卜辞中已经出现了华山、嵩山的记载。春秋战国时期，各诸侯国都遵循"祭不越望"的原则，只祭祀本国境内的山川神祇，此时的五岳诸山作为区域性名山受到所在地人们的祭祀，影响也仅限于当地。秦始皇统一六国后，对境内山川祭祀进行了一番整理，将五岳等众多山岳一并作为"名山川"纳入官方祭祀行列，此举标志着五岳由区域性名山转变为全国性名山。

西汉宣帝神爵元年（前 61 年），诏曰："东岳泰山于博，中岳泰室于嵩高，南岳潜山于用灊，西岳华山于华阴，北岳常山于上曲阳"，"皆使者持节侍祠。唯泰山与河岁五祠，江水四，余皆一祷而三祠云"。至此，五岳从众多名山川中脱颖而出，以山岳代表身份享受国家高规格的祭祀待遇。需要说明的是，此时的南岳并非今日的衡山，而是霍山（即安徽天柱山），北岳并非今日的恒山，而是河北曲阳的大茂山。

隋文帝开皇九年（589 年），"诏定衡山为南岳，而废霍山为名山"，衡山正式取代霍山，成为新的南岳。从西汉宣帝神爵元年至元代的漫长岁月里，北岳均指河北曲阳的大茂山。明朝、清朝均建都于北京，从地理位置上看，大茂山在京城之南，与北岳名称不符。而位于山西浑源的恒山主峰天峰岭，恰在京城之北。因此，明代改浑源恒山为北岳，但因路途遥远，祭祀仍在河北曲阳的大茂山。直到清朝顺治十七年（1660 年），才将北岳祭祀地改到山西浑源，恒山成为真正意义上的北岳。

（四）为什么历代朝廷对五岳祭祀和封禅？

唐县大茂山

在古代，五岳信仰超越了阶级的界限，上自皇帝、大小官吏，下至普通百姓、僧道之徒，以各种不同方式表达对五岳的敬仰膜拜之情。中国古代帝王相信五岳不仅仅是五座名山，还与国家政权命运兴衰紧密联系在一起，“五岳视三公，四渎视诸侯，诸侯赏封内名山者，通灵助化，位相亚也。故地动臣叛，名山崩，王道讫，川竭神去，国随已亡”。帝王满怀虔诚对五岳进行祭祀，目的就是为了保佑江山社稷万年永固。[1]

为了让五岳更好地“保佑”自己的政权，中国古代帝王在遵从国家礼制对五岳进行祭祀的同时，从唐朝开始不断提高五岳的封爵。武则天垂拱四年（688 年）七月，封嵩山神为神岳天中王。唐玄宗先天二年（713 年）八月，封华岳神为金天王。开元十三年（725 年），封泰山神为天齐王。天宝五年（746 年）正月，诏中岳神封为中天王，南岳神封为司天王，北岳神封为安天王。至此，五岳均已封王。北宋真宗大中祥符四年（1011 年）五月，诏加五岳帝号，东岳为天齐仁圣帝、南岳为司天昭圣帝、西岳为金天顺圣帝、北岳为安天元圣帝、中岳为中天崇圣帝。五岳虽然加封帝号，帝王们仍然觉得不能充分表达自己对五岳的崇敬，元朝至元二十八年（1291 年）二月，元世祖下诏加封东岳为天齐大生仁圣帝，南岳为司天大化昭圣帝，西岳为金天大利顺圣帝，北岳为安王大贞玄圣帝，中岳为中天大宁崇圣帝。从王号到帝号，五岳封爵达到顶点。

明朝建立后，朱元璋不满意五岳为帝，在洪武年间下诏削去五岳帝号，

---

[1] 刘云军，《古代山岳崇拜与五岳信仰》，《光明日报》，2010 年 11 月 11 日。

改为东岳泰山之神，南岳衡山之神，中岳嵩山之神，西岳华山之神，北岳恒山之神。虽然明朝官方削去了五岳帝号，但五岳大帝信仰已经深入人心，民间仍称五岳之神为五岳大帝。

总之，帝王们视五岳为政权保护神、封禅圣地，将其列入国家祀典进行祭祀。

（五）五岳文化和道教文化是什么关系？

五岳与中国道教在远古就扯上了关系，[1]据道教典籍《洞天记》云：“黄帝画野分州，乃封五岳。”其实，道教的五岳神仙理论最早应该来自魏晋道教最著名的经典《五篇真文》。按道经说，元始天尊讲经时，流传有《五篇真文》，需要合适的地方安放，能让天下祥和。道经记载：“青帝受此文以镇东岳，封一通九灵洞室。赤帝受此文以镇南岳，封一通南霍之阿。白帝受此文以镇西岳，封一通于金穴九掖洞中。黑帝受此文以镇北岳，封一通于玄阴洞室。”

元始五老将《五篇真文》藏匿于五岳，亦即暗喻“道真之体”隐藏于五岳。五岳作为“道之本元”的隐身之所，依恃《五篇真文》的无上神力，安立五方之位，致天高澄，使地固安，风雨和顺，万物蓄育。

自元始天尊的《五篇真文》后，魏晋道教又出现了《五岳真形图》，使道教五岳修炼学说达到一个高度。《抱朴子内篇·登涉》曰：“上士入山，持《三皇内文》及《五岳真形图》，所在召山神，及按鬼录，召州社及山卿宅尉问之，则木石之怪、山川之精不敢来试人。”

如《洞玄灵宝五岳古本真形图》所曰：“子有东岳形，令人神安命延，存身长久，入山履川，百芝自聚。子有南岳形，五瘟不加，辟除火光，谋恶我者，返还自伤。子有西岳形，消辟五兵，入刃不伤，山川名神，尊奉司迎。子有中岳形，所有惟利，致财巨亿，愿愿克合，不劳身力。子有北岳形，入水却灾，百毒灭伏，役使蛟龙，长享福禄。子尽有五岳形，横天纵地，弥纶四方，见我欢悦，人神攸同。”

这样，早期道教就把中国远古时代对山岳的崇拜纳入自己的信仰，而在道教对山岳的信仰中，五岳不仅是各路神仙集中修炼求真的场所，而且也是

[1] 任宗权，《五岳与深厚的道教文化》，新浪博客，2012 年 1 月 9 日。

神仙们参悟各种玄妙道理的地方，认为是神仙们居住之地。他们把东岳称为蓬莱太空洞天，把南岳称为朱陵太虚洞天，把西岳称为太极总仙洞天，把北岳称为太乙总玄洞天，把中岳称为上圣司真洞天。晋朝的道士葛洪在《枕中书》中，融合了五行所代表的方位和颜色的说法，声称太昊为青帝，治南岳霍山（天柱山）；金天氏为白帝，治西岳华阴山（华山）；颛顼为黑帝，治北岳太恒山（恒山）；轩辕氏为黄帝，治中岳嵩高山（嵩山）。

他们很早就隐居五岳进行修炼和传播道教文化，并与当时封建帝祭祀五岳活动相配合，加之当时封建帝王经常派遣高道代其前往祭祀五岳，五岳祀典逐渐开始道教化。首先是北魏时新天师道道士寇谦之奏请修诸岳祠，已使“五岳祭祀蒙上明显的道教色彩”。唐代开始的道教岳渎“投龙”仪式，使两者的关系更加密切。唐代茅山宗大师司马承祯奏请五岳立真君祠，更是以道教理论改造国家五岳祭祀系统的尝试。宋代以后，五岳祭祀的道教化日趋明显，至迟在金代，官方奉祠五岳之所——五岳神祠（岳庙）虽仍由地方官员督察管理，但实际已由道士主持庙务。《大金集礼》卷三十四《岳镇海渎·杂录》载大定之制：“大定十三年（1173年），送下陈言文字：该嵩山中岳依旧令本处崇福宫道士看守。礼部拟定：委本府于所属拣选有德行名高道士二人看管，仍令登封县簿、尉兼行提控。蒙准呈。续送到陈言文字：该随处岳镇海渎祠，……乞选差清高道士二人专一看守。契勘岳镇海渎祠系官为致祭，祠庙合依中岳庙体例，委所隶州府，选有德行名高道士二人看管祠庙。”

五岳庙由道士主持，为庙制一大变革，从而使五岳祭祀道教化达到顶峰。

元代时，元宪宗经常派遣时任全真道掌教大宗师的李志常道长，奉大汗诏命，“代祀岳渎”，这样的事情，在每个朝代都有。这样，五岳就慢慢成为道教的名山。唐代时，五岳开始成为道教的主要洞天，东岳为蓬玄洞天，南岳为朱陵洞天，西岳为总仙洞天，北岳为总玄洞天，中岳为司马洞天。所以，就有了诗仙李白的：“五岳寻仙不辞远，一生好入名山游。”

（六）山岳文化对中国人的世界观有何影响？

所谓山岳文化是指我国历来的帝王、佛、道及文人墨客对这些名山的青睐而做出的举动，如封禅、祭拜、题刻、立碑、修庙、建寺、吟讽、游记等以及有关山岳信仰崇拜和神话传说等所形成的一种文化。

山岳文化是中国传统文化的一大特色，并对中国人的世界观具有重大影响。

山岳本属于物质世界中的自然存在，然而在传统文化中，由于人类各种意义方面的活动与实践，山岳被赋予自然物质意义以外的诸多含义，具有一定的象征性，于是，山岳在人们的观念中便常显示为人文之符号。

山岳文化从遥远的神话时代走来。一部古老的神话总集《山海经》把中国海内外的大小古名山（真实的和虚拟的）几乎都用奇异的神话塑造完毕。据说，春秋战国时的《山经》共记载有347座名山，其中的大多数都和神话相关联。

神话时代的终结，给民间传说描绘山岳形象提供了更加广阔自由的天地，于是，中国的大小山岳几乎都成为美妙传说的造型，并把那些造型作为传说的依托和可印证的信物。山岳的自然景观于是拥有了民俗文化属性。山岳也因此在历史的长河中形成了口碑文艺的图文合一的模塑版本。

几千年来，中国的儒家、佛教、道教在皇统“政教合一”的强势支配下，使官方与民间的信仰相结合，全面涌向大小山岳，纷纷选择或抢占洞天福地，处处开辟祭坛道场，广建宫、观、寺、庙、庵、堂、殿、阁、楼、塔、亭、台，开岩凿洞，摩崖造像；把中国众多的山岳纷纷创建成官民信仰和崇拜的圣地。在山岳信仰崇拜中，五岳信仰、山神崇拜是最为集中和具有代表性的。

在中国，山岳文化往往和天下、社稷、乾坤、天人关系等概念和理念融合在一起。

“天下”观念意蕴丰富，乃是中国古代思想世界中最具概括力和表现力的观念之一。它塑造了中国人的世界观，尤其国家、文明诸观念，支配了中国人对于世界与道德文明秩序的想象。[1]

而天下的架构、国家道统与山岳文化有着莫大的关系。

战国之世，群雄并作，逐鹿中原。其驱动力，自理想层面言，无疑是王者一统天下的理念。然而至秦灭六国，并一海内，天下观念的发展又开出了新的局面。史载“秦初并天下”，秦始皇令下议更名号，“丞相绾、御史大夫

[1] 梁治平，《天下的观念：从古代到现代》，《清华法学》，2016年第5期。

劫、廷尉斯等皆曰：‘昔者五帝地方千里，其外侯服夷服，诸侯或朝或否，天子不能制。今陛下兴义兵，诛残贼，平定天下，海内为郡县，法令由一统，自上古以来未尝有，五帝所不及。’”据此，秦皇一统天下之功，更超迈古之圣王。的确，秦始皇所开创的“郡县天下”，不但疆域远超于前代，其制度架构也大异于古之“王制”。依现今学者的说法，此前系承认“合法之分割”的“封建天下”，如今则是主张“绝对之一统”的“专制天下”。此后支配中国2000年的官僚帝国制度，其基础就奠定于此。

秦始皇二十六年（前221年），秦灭齐，天下归于一。其后，秦始皇最重要的举措，除上面提到的建皇帝号，还有置郡县，改官制，统一文字及度量衡，定钱币，筑长城，建宫室，治驰道，巡行天下，征西戎、匈奴、南越等，这些举措都与确立新的天下秩序有关，其中，最富意味的莫过于巡行天下一项。

秦始皇自二十六年登帝位，在位12年，巡行天下5次，所到之处，“立石刻，颂秦德，明德意”，不过，比这些更重要的，是祭祀山川的活动。“二十八年，始皇东行郡县，上邹峄山。立石，与鲁诸儒生议，刻石颂秦德，议封禅望祭山川之事。乃遂上泰山，立石，封，祠祀”。其后，“始皇遂东游海上，行礼祠名山大川及八神”。泰山梁父，即是位列“八神”之二的“地主”。古制，封禅泰山有特定的政治和文化含义，天子为之。春秋时，齐桓公成霸业，欲封禅，管仲止之，谓受命然后得封禅。这件事，《史记·封禅书》记之甚详。更有意思的是同书后面的一段话：

昔三代之居皆在河洛之间，故嵩高为中岳，而四岳各如其方，四渎咸在山东。至秦称帝，都咸阳，则五岳、四渎皆并在东方。自五帝以至秦，轶兴轶衰，名山大川或在诸侯，或在天子，其礼损益世殊，不可胜记。及秦并天下，令祠官所常奉天地名山大川鬼神可得而序也。

于是自殽以东，名山五，大川祠二。……

自华以西，名山七，名川四。……

五岳的重要性，在于其政治上和文化上的符号意义：五岳为华夏中国疆域的坐标，与九州、天下同其义，因此成为国家制度的一部分。进一步讲，中国古代王朝的正统性，与特定地域有关，那就是诸夏所在的中原，就是九州，就是五岳。这也是为什么秦始皇登帝位后即巡行天下，祭祀山川。问题是，秦起于西土，秦都咸阳不在五岳之内，对兼并六国、号令天下的秦始皇来说，这不能不说是一大缺憾。就是为了弥补这一缺憾，令咸阳得居其中，秦始皇才让祠官重序“天地名山大川鬼神”。

秦始皇的个案不算特例。古之注经者认为，周之都邑镐京在西岳华山之西，亦在五岳之外，周公就将镐都西面的吴岳“权立”为西岳，所思虑与秦始皇一样。秦以后事例更多。著名的有北魏孝文帝（467—499）迁都洛阳事。其时，朝中围绕迁都之议争论甚炽。下面是当日发生在太极殿上的一场君臣对话：

及高祖欲迁都，临太极殿，引见留守之官大议。乃诏丕等，如有所怀，各陈其志。燕州刺史穆罴进曰：“移都事大，如臣愚见，谓为未可。”高祖曰：“卿便言不可之理。”罴曰：“北有猃狁之寇，南有荆扬未宾，西有吐谷浑之阻，东有高句丽之难。四方未平，九区未定。以此推之，谓为不可。征伐之举，要须戎马，如其无马，事不可克。”高祖曰：“卿言无马，此理粗可。马常出北方，厩在此置，卿何虑无马？今代在恒山之北，为九州之外，以是之故，迁于中原。”罴曰：“臣闻黄帝都涿鹿。以此言之，古昔圣王不必悉居中原。”高祖曰：“黄帝以天下未定，居于涿鹿；既定之后，亦迁于河南。”

臣僚又以他故反对迁都，“帝皆抚而答之，辞屈而退”。孝文帝力排众议，坚定如此，不但是出于其对继承华夏正统的坚执，也是基于对这种地理正统的认识。而这种认识，至少自周秦以来，就已经根深蒂固，不可移易。后之王朝，尤其是由边地入主中原的王朝，遇到此种问题时亦无不作此想。如建都北京的金、清两个王朝，都曾考虑另议五岳之名。明王朝就将北岳恒山的祭祀地北移，以扩大五岳范围。清朝援此例行之，又于康熙十六年（1677年）“诏封长白山神秩祀如五岳，自是岁时望祭无阙”。通过这些变通办法，帝都就回归五岳之内，王朝继受天下的正统性因之而提高。

（七）北岳庙里有哪些文化瑰宝？

北岳庙现存的文化瑰宝主要是碑刻和壁画。

碑刻。北岳庙现存碑、碣200余通，自北魏、北齐、唐、五代、宋、金、元、明、清到民国时期，跨越时间1500余年。碑刻内容大多为历代重修北岳庙的记载和祭祀北岳之神的祭文，也有诗词歌赋的观后感。书法有真、草、隶、篆和行书等字体，是我国古代书法艺术的宝库。

壁画。北岳庙德宁之殿内东西两壁及北山墙均绘有唐代画圣吴道子的巨幅彩色壁画。东西两侧壁画各高 8 米，长 18 米，北山墙壁画高 8 米，长 27 米，壁画总面积 504 平方米。壁画内容为道教题材，描绘天地、五岳、四渎之神会聚北岳恒山的故事，按顺序北壁为《北岳恒山神出巡图》，东壁为《云行雨施》，西壁为《万国咸宁》，作者依据当时神话传说，发挥高超的艺术才能，把天宫、地祇、山川、河流、人物融为一体，活灵活现地展示在人们的眼前。

壁画色彩艳丽、富丽堂皇，画面中上百人物着色浓淡相宜，轻重得当，加上沥粉、贴金的技法，天然矿石色料的应用，使壁画虽历经沧桑仍光彩照人，不失原来的面目。纵观整个画面，似有风行、雷动、雨施之感，如临其境，似画中人，人中画，“吴带当风”之神韵跃然画面之上。

东壁画内容为《云行雨施》，画的是天宫中众天神正在兴师动众、兴云布雨、普降甘霖的具体情节和人物形象。尤其是画中的“苍莽巨龙”体态蜿蜒，两目晶莹，须发柔媚，四爪苍劲有力，腾云驾雾，形若浮云，颇具动感，极惹人注目。

西墙壁画内容为《万国咸宁》，画的是众天神胜利完成为民降福的任务后偃旗息鼓、鸣金收军、得胜回宫的宏大场面。壁画中“飞天神”为全幅壁画之精华，它相貌狰狞，肌肉粗健，横枪倒戈，腾空飞奔，气势逼人，这就是有名的“曲阳鬼”。很久以来，曲阳民间就流传着“曲阳鬼、赵州水”的说法。相传曲阳的飞天神和当年赵州柏林寺大殿壁画上的水均为唐代吴道子所画，故有是说。

北岳庙壁画（甄丛达摄）

由以上不难看出，北岳庙壁画画面大、人物大、气派大，为国内罕见，是研究我国壁画的宝贵资料，它填补了我国绘画史吴派的空白，在道教神话故事中占有重要的地位，也对我国人物画发展及研究起着非常重要的作用。因此，北岳庙壁画是当今的稀世珍品，是绘画艺术的瑰宝，是吴派艺术留给后人的宝贵财富。

石雕。北岳庙石雕藏品有佛像、人物、动物、经幢等，尤以西汉石虎、北魏石狮、北魏背光千佛像、唐代石灯、唐代石佛、笑和尚、金代经幢最引人注目，造型优美，刀工变化细腻，线条清晰流畅。

其他。北岳庙内建有博物馆，建筑风格为古典式四合院，共设青铜陶器、定窑瓷器、石刻造像等三个展室，展出文物精品200多件。博物馆内门柱上均刻有书法名人题写的楹联。德宁之殿檐下悬挂元世祖忽必烈亲笔题书的“德宁之殿”匾额。

八、农耕文明和游牧文明在保定境内发生过怎样的对抗与交融?

（一）何谓农耕文明?

农耕文明，是指由农民在长期农业生产中形成的一种适应农业生产、生活需要的国家制度、礼俗制度、文化教育、宗教等的文化集合。

农耕文化主要分布在气候温和、地势平坦、雨量充沛的长江黄河流域。湿润的土地、适宜的气候宜于农作物大面积种植。这里生息着以农耕为生的农耕民族，他们生活在固定的土地上，培养了大量宜于种植的农作物，同时发展了养殖业、酿造业、手工业等。由于农业生产对自然和气候的选择性很强，还有土壤的种类、水利资源、作物种类等，都会影响作物的种植和生产程序，人们依据这些因素，经过长期的摸索，形成了比较固定的农业生产的耕作方式——从最初的“刀耕火种”“轮作抛荒”到“精耕细作”，并且一代一代得到传承和发展，形成了异彩纷呈、高度发达的农业文明。

（二）何谓游牧文明?

游牧文明，是指由以游动放牧为生的牧民在适者生存的自然法则下，为了适应高寒干旱的气候条件，保护稀缺的水资源和可持续轮换使用不同的草场，终年实施严格的集体游动放牧的畜牧业经营方式，因而形成的适应游牧生活方式的社会经济组织形态、交往礼仪、丧葬、祭祀、宗教、餐饮、服饰和语言文字等构成的人类智慧与文化形态体系。

游牧文化主要分布在蒙古高原及长城外侧的山地丘陵等适宜放牧的草原地带。千百年来，生聚在这一地域的人们，因地理条件所限，不宜从事农耕，只能依赖游牧、狩猎等生产方式生存繁衍，并逐步形成表现于共同文化特点上的心理素质，融合为一个共同体——游牧民族。独特的生活环境，造就了独特的草原文化系统，作为草原骄子的游牧民族深受环境的陶冶和启迪，经过长期的开拓和实践，创造出灿烂的富有草原色彩的语言、饮食、服饰、建筑、礼仪、祭祀、宗教等游牧文明。

（三）为什么中国历史一直伴随着农耕文明与游牧文明的碰撞？

游牧文明在中国古代历史上占据着非常重要的地位，其与农耕文明的冲突与融合构成了中国北方边境历史的主题之一。

俗话说："一方水土养一方人。"生态环境与一个民族性格的形成和发展是息息相关的。只有与当地的生态环境能够非常融洽相处的文明才能长久地延续下去，也可以说，才是成功的文明，而游牧文明正是这样一种成功的文明。相对来说，中原的农耕文明尽管更为发达，却最终将毁掉生存的根基，因而是一种不可持续的文明，也是一种不算很成功的文明。于是在北方草原上，游牧文明始终占据了主导地位。

纵观中国几千年来的发展历史，统一与分裂反复交替，而在大一统王朝时期，北方游牧民族南下与中原王朝的战争就成了主旋律。

除和平时期正常的贸易交换外，游牧民族多因对中原农耕地区进行袭扰、抢夺而发生冲突和对抗。这在很大程度上是因为北方草原气候恶劣、物产稀缺，相对富足的中原地区成为游牧民族觊觎和抢夺的对象，尤其在草原歉收、面临生存危机时，扩展比较优良的生存空间就成为游牧民族的战略选择。两大文明发生的碰撞，多数情况下，北方采取攻势，中原采取守势。在历史早期，尤其是汉代以前，农耕文明在与游牧文明的对抗中往往处于优势地位，尤其是在春秋战国时期，即便弱小的诸侯国也可以吊打周围的游牧民族，整个汉代，匈奴一直被压着打，即使三国时期，中原忙于内战，北方的魏国也无惧塞北游牧民族。然而反观唐代以后，游牧文明由于内部的统一和武器装备的提升力量大大加强了，宋朝却被游牧民族赶得南迁，蒙古崛起以后，南宋偏安一隅尚不可得。明朝虽然驱逐了蒙古但也亡在了同是游牧民族的女真人（满族）。[1] 蒙、满入主中原，客观上讲是相对落后的游牧文明阶段性战胜了相对先进的农耕文明。

（四）为什么说中华文明是农耕文明和游牧文明的协奏曲？

中国是一个由 56 个民族组成的多民族的国家，众多的少数民族与汉民族共同谱写了一部风起云涌、波澜壮阔的史诗画卷。历史上匈奴、鲜卑、羯、氐、羌、契丹、女真等游牧民族一度在中原建立了政权，为中原文明注入了异质的血液，使中华文明更加富有活力和丰富多彩；中原的农耕民族也曾经数度占领传统的草原游牧地区，将其列入中原王朝版图，设立军政机构，开辟商道、推广农耕文明，提升了游牧地区整体文化素质。现在的中国版图就是历史上农耕民族和游牧民族反复冲突、融合，既包含了主体农耕文明又兼收了游牧文明的成果。

（五）保定区域在哪些历史时期位于农耕文明和游牧文明冲突的前缘地带？

保定市位于太行山东麓，华北平原北部，冀中平原西部。北纬 38°10′ ～ 40°00′，东经 113°40′ ～ 116°20′ 之间。北邻北京市和张家口市，东接廊坊市和沧州市，南与石家庄市和衡水市相连，西部与山西省接壤。

保定地区西部为太行山区，中部和东部为黄淮海平原的组成部分。保定在殷商时期为北燕之地，西周至战国为燕赵之地。春秋、战国时期燕、中山就在境内建都。保定在华夏数千年历史上，均属于中原农业文明覆盖区。

936 年，五代十国时期，后晋的开国皇帝石敬瑭（后唐河东节度使）反唐自立，向契丹求援。契丹出兵扶植其建立后晋，辽太宗与石敬瑭约为父子。

---

[1] 任津辉，《元代草原游牧文化与中原农耕文化的互相冲突和融合》，广西师范大学高等教育本科毕业论文，2012 年。

天福三年（938 年），石敬瑭按照契丹的要求把燕云十六州[1]割让给契丹，使得辽国的疆域扩展到长城沿线，往后中原数个朝代都没有能够完全收复。燕云十六州地势险要、易守难攻，历来都是中原统一王朝最重要的北部防线。其战略意义使得中原的北宋政权感受威胁持续长达160多年。也使得保定（宋代称保州，与燕云十六州中的涿州、瀛洲、莫州、蔚州、应州、朔州相邻）这一时期在政治版图上变成了“宋北辽南”，成为北宋与辽国之间的边境地区，成为中原农业文明与北方游牧文明对抗交融的区域。

960 年，赵匡胤建立北宋之后，曾经专门在宫内设立“封桩库”，一点一点地积攒财富，想着用金钱赎回十六州，即便不能赎回，这些钱也可以充当军饷。宋太宗赵光义认为此举太过缓慢，在准备不足的情况下，他曾经两次发重兵北伐，最终都以惨败告终，甚至太宗本人都中箭逃亡。宋辽之间 20 多年的战争导致双方都筋疲力尽，宋真宗时期与辽国签订了“檀渊之盟”。

决定北宋命运的“雍熙北伐”起兵之处定州、高阳，和导致惨败的涿州之战，“澶渊之盟”划定的宋辽边界白沟河，都在今天的保定境内。

另一方面，“澶渊之盟”结束了宋辽之间长达 25 年的战争。此后宋辽边境有了 100 余年的和平，宋辽之间开始了经济文化交流，促进了中华民族的经济发展、文化繁荣、民族融合。为开展贸易，北宋在宋境内开辟的四大榷场雄州、霸州、安肃军（今河北徐水）、广信军（今河北徐水西），有三个在今保定境内。辽国在其境内设立的新城（今高碑店市东南）榷场，也在今保定境内。

可以说保定既是冲突发生之地，又是澶渊之盟后宋辽和平相处、互市贸易的交融之地。

（六）农耕文明和游牧文明的冲突交融给保定留下了哪些文化遗产？

农耕文明和游牧文明的冲突交融给保定留下了如雄州地道、水长城、榷

[1] 幽州（今北京市区）、顺州（今北京顺义区）、儒州（今北京延庆区）、檀州（今北京密云区）、蓟州（今天津蓟州区）、涿州（今河北涿州）、瀛州（今河北河间市）、莫州（今河北任丘市北）、新州（今河北涿鹿县）、妫州（今河北怀来县）、武州（今河北张家口市宣化区）、蔚州（今河北蔚县）、应州（今山西应县）、寰州（今山西朔州市东）、朔州（今山西朔州市区）、云州（今山西大同市云州区）。相当于今北京、天津全境，山西和河北的北部地区。

场、阁院寺、兴文塔等一批物质形态的文化遗存，还有元曲杂剧等非物质文化遗产。

“雍熙北伐”后，北宋在保定境内进行了两项大规模对抗和防御辽国的国防工程建设，一是绵延地下数百里的地道，二是世界独一无二的水长城。

位于雄县、霸州、文安、永清境内，修建于北宋“雍熙北伐”（986 年）后，用于抗辽的边关地下战道被称为“地下长城”。地道分布区域东西长 65 千米，南北宽约 25 千米，总面积约 1600 平方千米。

几乎在修建地道的同时，北宋于公元 987 年开始修筑平原水长城，西起保州西塘泊（今府河、清苑河），东至沧州泥沽海口（今天津军粮城泥沽村），全长近千里。绵亘七座军州的水长城范围包括保州（保定）、雄州、霸州、瀛洲（河间）、莫州（任丘北）、沧州、定州（即现今满城、徐水、保定中心城区、清苑、唐县、顺平、望都、定州、高阳、容城、雄县、任丘、河间、文安、霸州、大城、静海一带）。水长城沿途汇集了河流 19 条，淀泊 30 个。其全线分为了 8 个区段，设置堡垒 26 座，军铺 125 个，士兵 3000 余人，有战舰 100 余艘往来巡警。

雄县北宋地下战道

游牧文明与农耕文明交融的另一个遗产就是保定境

涞源阁院寺（安志敏摄）

内遗存了阁院寺、兴文塔、涿州双塔、双塔庵双塔等一批辽金风格又有中原文化印记的砖塔。

蒙元帝国踏灭金宋、入主中原后，游牧文化居于主导地位，汉族文化传统遭受前所未有的冲击，也颠覆了汉族旧的传统思想和传统观念，汉族伦理文化遭到严重打击，社会文化思想出现断裂，伴随蒙古统治而来的异质文化使当时社会出现一种民族与文化融合的新姿，原来流传在民间、难以登上汉族官方文化大雅之堂的戏剧便在这裂缝中喷发。一方面是游牧民族生活中不像汉族把音乐、艺术、文学等功利化、贵族化，而是追求文化简单的娱乐功能，戏剧、曲艺、杂技能满足他们的需求，元代统治者汉文程度不高，看戏很高兴；另一方面科举制的废除也让学子文人到杂技班和戏班子里谋求就业岗位，创作了大量脍炙人口的杂剧作品。元杂剧走上了中国文化的主流舞台。

元杂剧不是中国传统文化发展的产物，恰恰是在传统文化断裂转折中茁壮而出，并明显带有蒙元游牧文化的胎记。据《中原音韵》等对元曲所用曲牌的统计，总量335支元曲中，出于唐宋词者约112支，出于诸宫调者约22支，出于大曲者14支，三者总计148支，仅占全部曲牌的五分之二稍强，其余大部分曲牌来自北方少数民族和汉族民间歌曲。因此，元曲的繁荣，直接的原因就是北方草原游牧文化介入带来的结果。而保定自宋到明，由于特殊的地理区位，则成为游牧文化和农耕文化交融深入的地区，由此也诞生了关汉卿（安国人）、王实甫（定兴人）、吴弘道（安国人）、李好古（保定人）等元曲作家群，他们的作品《感天动地窦娥冤》《西厢记》等享誉世界文坛。

九、保定对长城在中华文化至高地位的确立作出了哪些贡献？

（一）长城在中华文化中代表着什么？

长城自战国时代开始到清初，先后修建了2600多年。

从功能上讲，在古代它是国家保卫疆土与和平的防御工事。

从王权象征上讲，长城是一种有形而又威严的符号，代表着皇权所及土地的神圣不可侵犯，标志着长城所设防的区域是历代王朝的有效统治区。

从意识形态上讲，修筑长城的民族一般都是对外不热衷进攻、扩张，而是采取守势，以营造和平环境、休养生息、助力国泰民安。和平与发展是长城文化的主题。

近代以来，伴随着长城抗战的发生和民族自强意识的觉醒和增强，长城在中华文化中代表着中华民族团结一致、抵御外侮、发愤图强的民族主义精神。

（二）长城何时成为中华民族文化与精神的代表和标志的？

长城成为中华民族精神的象征，在中华文化中奠定至高无上的地位，始于1933年的长城抗战。自山海关打响抗战第一枪，中国军队陆续在义院口、界岭口、冷口、喜峰口、罗文峪、古北口等地，与日本侵略者展开殊死搏斗，《大刀进行曲》《义勇军进行曲》在此背景下诞生。“把我们的血肉筑成我们新的长城，中华民族到了最危险的时候……”，唱出了中华民族最后的吼声，也唤醒了中华民族精神。

（三）以保定地区为代表的太行山长城抗战对近现代中华民族精神的形成作出了哪些贡献？

1937年7月7日，卢沟桥事变，抗日战争全面爆发。日军大举侵华，平津华北相继失陷。中日对抗的战场很快推进到太行山沿线。9月，雁门关、平型关之间的内长城地带成为中国军队布防和日军进攻的重点，双方交战激烈，逐点争夺。归属第二战区的八路军一一五师奉命增援灵丘。灵丘失陷后，一一五师于9月25日在平型关取得伏击日军的巨大胜利，一日之内歼敌千余人，缴

倒马关水关遗址

获辎重无数。平型关大捷，打破了“皇军不可战胜”的神话，这也是抗战开始以来中国军队所取得的第一次胜利，极大地鼓舞了全国人民的抗日斗志。此时保定所属的涞源、阜平、唐县、曲阳等长城沿线地区均已卷入这场战役之中。其中平型关战役的前哨战就发生在长城内三关之一的唐县倒马关。

1939 年，日本侵略军对八路军发起所谓的“铁壁合围”大扫荡，独立混成第 2 旅团旅团长阿部规秀中将深入根据地腹心地区。10 月底，八路军与敌人在涞源县雁宿崖一带进行了一次战斗。晋察冀军区司令员聂荣臻即令一分区司令员杨成武部署力量、诱敌深入，伏击歼灭。敌军除 13 名被俘虏外，600 多名全部被歼灭。

阿部规秀于 11 月 4 日率日军 1500 余人，寻找八路军。八路军拟部署小部兵力在涞源县白石口一带迎击敌人，引敌东进，待敌人进至黄土岭一带，集中力量将其包围歼灭。6 日，阿部规秀率领孤军深入黄土岭。7 日，一团团长陈正湘、政委王道邦用望远镜发现黄土岭与上庄子之间的一座院落里，日本军人进进出出；院后的小山包上，也有几个日军军官用望远镜瞭望。他判断此院落可能是日军的指挥所。陈正湘当机立断，命令通信主任跑步下山急调炮兵连。炮兵连火速上山后，陈正湘指给他们两个目标，要求他们务必要用迫击炮将这两个目标摧毁。

涞源黄土岭战役纪念碑

炮兵（军分区炮兵连）携带一门黄崖洞兵工厂自制的迫击炮上来后，立即对敌射击，第一发测距，第二发打远，第三发打近，第四发正中目标。按照日方记载，这一炮除了击毙阿部规秀中将，还毙伤了包括第2混成旅团作战参谋木甑田下少佐等12名官兵。

1940年，八路军发起百团大战第二阶段的涞灵战役，白石口、插箭岭、乌龙沟、浮图峪、宁静安一带明长城沿线成为抗战战场。1940年9月，全歼日军170余人的东团堡战斗就发生在涞源县乌龙沟长城地带。

1943年9月16日—12月15日，日军华北方面军司令官冈村宁次调集其第26、第63、第110师团大部，第62师团及独立第1、第2、第3混成旅团各一部和伪军共4万余人，对我北岳区抗日根据地进行历时3个月的扫荡。晋察冀军区第三军分区四十二团，在大茂山、军城、王快、阜平之间的长城地带进行游击战，进行大小战斗46次，最终取得了反扫荡的胜利，共毙、伤敌800多名，击落敌机1架，缴获重机枪1挺，日军毫无收获、退出根据地，扫荡失败。

如果说1933年的长城抗战以中国军队的最后失败而结束，那么1937年以后以保定地区为核心的长城抗战则是以中国军队的胜利而告终。

可以无愧地说，保定地区的长城抗战对长城——中华民族精神的形成作出了自己不可磨灭的特殊贡献，为伟大的长城精神增光添色。

八路军战斗在古长城（沙飞摄）

十、以城南庄为中心的晋察冀抗战对世界反法西斯文化作出了哪些贡献？

（一）晋察冀抗日根据地在世界反法西斯战争中具有什么意义？

晋察冀抗日根据地，是中国共产党在抗日战争时期于敌后开创的第一个抗日根据地，也是当时各敌后根据地建设的模范。地处同蒲路以东，正太、石德路以北，张家口、多伦、宁城、锦州一线以南，东临渤海，以山西东北部和河北的冀中、冀东为主，包括察哈尔、热河、辽宁三省的一部，行政上划分为北岳、冀中、冀察、冀热辽四个区。区内除冀中大平原外，大多是山岳地带。

阜平城南庄晋察冀军区司令部旧址

晋察冀边区政府、晋察冀军区司令部位于太行山麓的河北省保定市阜平县境内。

1937 年 10 月，八路军第一一五师主力由五台山南下，政治委员聂荣臻率领一部分部队和军政干部共约3000余人，留驻五台山地区。他们组织工作团，分赴晋东北、察南、冀西各地，建立战地动员委员会、抗日救国会等半政权性质的组织，广泛发动群众，武装群众，开展游击战争，收复许多座县城。人民群众踊跃参战，部队迅速扩大。11 月 7 日，根据中共中央的决定，以阜平、五台为中心的晋察冀军区成立，聂荣臻为司令员兼政治委员，下辖四个军分区。

1938 年 1 月 10 日，晋察冀边区军政民代表大会在冀西阜平召开。出席这次会议的有共产党员、国民党员、各抗日军队和抗日群众团体的代表，有工人、农民、开明绅士和资本家的代表，有蒙、回、藏等少数民族的代表，以及五台山的和尚与喇嘛的代表等，共 140 余人。他们代表着边区 30 余县的广大民众。会议经过民主选举，成立了晋察冀边区行政委员会，宋劭文为主任委员，胡仁奎为副主任委员。[1] 这是敌后由共产党领导建立的第一个统一战线性质的抗日民主政权。

[1] 毕乐乐，《晋察冀抗日根据地文化建设研究》，湖南师范大学硕士毕业论文，2017 年。

以阜平为指挥中心、分布在长城两畔地区的晋察冀抗日根据地，对坚持华北敌后抗战和全国持久抗战起了“坚强堡垒”的作用。它是中国政府建立的以敌后游击战为基本作战形态，以动员和保护人民坚持抗日、发展民主政权、改善人民生活为目的的模范根据地，是世界反法西斯战争的一个创举，为中国抗日战争和世界反法西斯战争的胜利作出了卓越的贡献。

（二）晋察冀抗战文化对全国抗战文化的形成和发展有哪些影响？

以保定为中心的晋察冀抗战，艰苦卓绝的冀中反扫荡，催生了中国近现代文学中以描写晋察冀抗战为题材背景的《平原枪声》《敌后武工队》《烈火金刚》《野火春风斗古城》《新英雄儿女传》《保定外围神八路》《风云初记》《烽烟图》《战斗的青春》《雁翎队》《小兵张嘎》《地道战》《狼牙山五壮士》《白求恩大夫》等电影；《歌唱二小放牛郎》《团结就是力量》《没有共产党就没有新中国》《老乡们快快参加八路军》《妻子送郎上战场》《母亲送儿打东洋》《我送哥哥去当兵》等歌曲；《风云初纪》、《随军散记》（即《记贺龙》）、《奇异的旅程》（即《闯关》）、《戎冠秀》、《赶车传》、《冀中一日》、《战斗在滹沱河上》等文学作品；《抗敌报》《晋察冀日报》《晋察冀画报》《子弟兵》《火线报》《前卫报》《冀中导报》《冀东日报》《战线》《北方文化》等新闻期刊出版物；《晋察冀日报》新闻电台、张家口新华广播电台等通讯媒体；抗敌剧社、战线剧社和西战团等剧社及戏剧《八路军与孩子》《路》《自己的书》《读书好》等；晋察冀出版了第一部《毛泽东选集》。

这些作品、刊物、媒体、剧社影响遍及全国和海内外，影响了几代人的世界观和人生观。

在抗战中，保定还诞生了扬名全国的文学流派“荷花淀派”。

晋察冀革命纪念馆

在一定意义上讲，

晋察冀抗战文化几乎是中国共产党领导下的全国抗战文化的代表，谈抗战离不开晋察冀，谈抗战文化更离不开晋察冀，晋察冀抗战文化工作成为全国抗日根据地效法的榜样，对当时和后世都产生了巨大的影响，以致在新中国成立后摄制的影视作品和出版的文学作品，反映晋察冀抗战成为抗战文艺作品的主流。

（三）有哪些晋察冀抗战文化作品成为传世经典？

歌曲《歌唱二小放牛郎》。1942 年，年仅 13 岁的王二小在反扫荡中，故意把敌人引进八路军的埋伏圈，被敌人枪杀。当时的《晋察冀日报》在第一版发表了这条消息。词作家方冰、曲作家劫夫被王二小的故事深深感动，根据报道创作了歌曲《歌唱二小放牛郎》。“牛儿还在山坡吃草，放牛的却不知道哪儿去了……”这首旋律悠扬的叙事民歌，讲述了一个动人的故事。这首歌和少年英雄王二小的故事流传下来，影响了一代又一代人。

歌曲《团结就是力量》。1943 年夏天，在晋察冀边区工作的卢肃和牧虹，编写了一部反映减租减息斗争的小歌剧，《团结就是力量》是这个歌剧的幕终曲。这首歌后来在北平、重庆等地的学生中流传开来。学生们在国统区游行示威时，他们就挽起臂膀，高唱这首歌，勇往直前。新中国成立后，这首歌一直是激励人们团结奋战的号角。

歌曲《没有共产党就没有新中国》。1942 年，蒋介石发表了《中国之命运》一书，狂言“没有国民党就没有中国”。延安的《解放日报》针锋相对以“没有共产党就没有中国”为题发表社论，予以驳斥，指出中国共产党才是抗日的中流砥柱。就是在这一背景下，作者在平西根据地创作了《没有共产党就没有中国》。1950 年，毛泽东建议在“中国”前加了一个“新”字，歌词“他坚持了抗战六年多”也改为“他坚持了抗战八年多”。

小说、电影《小兵张嘎》。故事发生在 1945 年，抗日战争最残酷的时期，冀中平原的白洋淀长期被日军侵占。鬼不灵村的张嘎，是个机灵勇敢而又顽皮淘气的小男孩。他和奶奶救助了八路军侦察连钟连长。鬼子进村搜捕时，钟连长为保护群众，挺身而出被捕，奶奶为掩护八路军被日本鬼子杀害。张嘎为了给奶奶报仇，参加了八路军。在部队领导的培养和教育下，张嘎进步很快。他与侦察员罗金保化装侦察，活捉了胖翻译；多次随队参加战斗，缴获敌人武器。他在养伤回队途中被捕，在据点里配合游击队拔掉敌人炮楼，救出了钟连长。经过多场战斗的磨炼，张嘎最终成长为一名合格的八路军小侦察员。

《小兵张嘎》，作者徐光耀，中国电影出版社出版。最早发表于1961年，是我国儿童文学的经典之作，至今总发行量超过100万册。电影《小兵张嘎》据其改编，1963年摄制。

小说、电影《敌后武工队》。1942年，日军的七八万精兵，在冈村宁次指挥下，对我冀中抗日根据地进行了残酷的“五一”大扫荡，给这里的军民造成很大损失，使这一带的抗日活动转入地下。但根据党中央的指示，冀中军区九分区派遣魏强、贾正参加敌后武工队，杀回冀中，在保定一带钻进敌人心脏，开展敌后工作。历经曲折，与日军和汉奸斗智斗勇，取得对敌斗争的多次胜利，最终迎来日军的全面投降。

长篇小说《敌后武工队》，作者冯志，解放军文艺出版社1958年11月出版，曾被译成英、俄、日等多国文字出版。先后三次被改编拍摄成电视剧和电影。第一版电影1967年摄制。

电影《地道战》。1942年，日军对冀中根据地进行大扫荡，根据地人民为了抵御和打击日军，想出了不少巧妙的办法，地道战就是其中之一。

冀中地区高家庄人民，在党支部书记高老忠和民兵队长高传宝的带领下，把几家的土洞和地窖挖成相通的地道，留几处出口，用以和日寇周旋。但是在一天夜里，黑风口据点的日寇偷袭高家庄，高老忠敲钟警告壮烈牺牲，地道遭到了敌人的破坏。高家庄人民总结教训，将仅能容身的地道改造成既能藏身又能出击的多功能地道。

1943年夏天，高传宝利用地道的翻口击毙了混进高家庄的特务。日军分队长山田纠集了几个据点的兵力进行报复，但却被在地道内神出鬼没的高家庄民兵们狠狠地教训了一顿。高家庄人乘胜前进，把地道从村内延伸到野外，成为纵横交错的地道网络，变防御为进攻。区长赵平原制订了“围点打援”的战术，想吸引黑风口的日伪军出洞，但是狡猾的山本，却以偷袭高家庄的办法来解西平之围。高家庄民兵和八路军主力及游击队一道并肩作战，一举拔掉了黑风口据点，消灭了进犯高家庄的敌人，取得了这场战斗的胜利。

电影《地道战》，1965年摄制，1966年元旦在全国上映。截至2012年，就已创造出共30亿人次观看的纪录。

小说、电影《烈火金刚》。抗日战争打得最紧张最激烈的时候，在河北省滹沱河的下游桥头镇，发生了一次残酷的阻击战斗。跟主力部队离散的八路军排长史更新、飞行侦察员肖飞、骑兵战士丁尚武、女区长金月波等人，在冀中平原上坚持斗争，后来与敌后武工队配合，组成了一支强有力的抗日武装，向敌人展开神出鬼没的袭击战、对抗战，最后配合主力部队歼灭了侵略军、伪军，争取了起义军，取得了胜利。

长篇小说《烈火金刚》（本名应为《烈火金钢》），作者刘流，1958年1月1日中国青年出版社出版。多次被翻拍成电影和电视剧。

小说、电影《野火春风斗古城》。1943年，游击队政委杨晓冬潜入华北某古城，在地下交通员金环、银环姐妹的配合下，计划先争取伪团长关敬陶，然后攻城。游击队在一次伏击战中，俘获伪团长关敬陶，又将他放回，关敬陶被释放归来，引起了日本顾问多田和伪军司令高大成的怀疑。高田让被叛徒高自萍出卖被捕的我地下交通员金环与关敬陶对质，金环机智地为关敬陶卸脱了责任，自己英勇就义。之后，杨晓冬的母亲也被高自萍出卖。银环在悲痛而又焦急的情况下不慎在高面前暴露了与杨晓冬的接头地点，杨晓冬也被特务逮捕。高大成想利用母子情得到口供，杨晓冬的母亲为了让儿子坚持斗争，自己坠楼身死。银环在武工队和地下党的配合下，救出了杨晓冬。杨晓冬为完成争取关敬陶的任务，毅然留在古城。在一次搜查中，关敬陶为杨晓冬解脱了危险。杨晓冬见时机成熟，便与银环亲往关府拜访，申明大义，促使关敬陶率部起义。最后，杨晓冬乘高大成命伪军出城抢粮之机，在武工队的配合下，消灭了前来监督的特务队队长兰毛，带领起义的关敬陶上山。在出生入死的斗争中，杨晓冬与银环真诚相爱，他将母亲留给儿媳的红心戒指送给了银环 。

小说《野火春风斗古城》，作者李英儒，1954年作家出版社出版。这部长篇小说后来被译为日、英、俄、朝、保等多种文字，并被改编成话剧和多种地方戏上演，还改编成了同名电影。电影1963年摄制上映。后被多次翻拍电影和电视剧。

记叙文、电影《狼牙山五壮士》。《狼牙山五壮士》是1941年11月5日

《晋察冀日报》刊登的一篇通讯，原名《棋盘陀上的五个神兵》。同年11月7日，晋察冀军区司令员聂荣臻等首长签署的训令中，正式称为《狼牙山五壮士》。从此《狼牙山五壮士》的英雄事迹，从晋察冀边区传遍了长城内外、大江南北，成为浴血抗战的中国军民的楷模。

“狼牙山五壮士”是在1941年9月25日的战斗中跳崖的，历经24天，沈重经过采访、构思、写作、修改、定稿，文章完成后，由交通员穿过敌人的封锁区7个县，行程230多公里，才送到报社，很艰辛。作为秋季“反扫荡”手记之一的通讯——《棋盘陀上五个“神兵”》一气呵成，并于1941年11月5日发表在由邓拓同志担任社长的《晋察冀日报》上，不久，延安《解放日报》转载了这篇文章。

《狼牙山五壮士》收入部编人教版六年级上册第6课、北京课改版六年级上册第25课、冀教版小学五年级下册第22课、人教统编版五年级上册第22课、沪教版四年级上册第13课和鲁教版四年级下册第14课，作者沈重。

电影1958年上映，2015年重拍。

故事、电影《雁翎队》《新儿女英雄传》。抗日战争时期，在淀泊相连、苇壕纵横的白洋淀上，有一支神出鬼没、来无影去无踪的队伍。他们时而化装成渔民，巧端敌人岗楼；时而出没在敌人运送物资的航线上，截获敌人的军火物资；时而深入敌人的心脏，为民除掉通敌的汉奸；时而头顶荷叶，嘴衔苇管，隐蔽在芦苇丛中，伏击敌人包运船。这支令敌人闻风丧胆、令百姓欢欣鼓舞的队伍，就是活跃在白洋淀上的抗日武装，人称水上飞将军的雁翎队。

从1939年成立到1945年配合主力部队解放新安城，由30多人发展到100多人。雁翎队利用冰上水上优势，与敌人交战70余次，仅牺牲8人，却击毙、俘获了日伪军近千人，缴获大量军火和军用物资。

《雁翎队》报道于1943年8月22日在《解放日报》发表，作者穆青。抗战胜利后，《雁翎队》还被选入许多版本的通讯、散文、报告文学作品集和一个时期中学课本中。《雁翎队的故事》，作者保定地区文化局，1974年9月河北人民出版社出版。以雁翎队故事为题材的电影《新儿女英雄传》1951年摄制上映。

摄影《八路军战斗在古长城》《八路军在古长城欢呼胜利》《记者叶文津采

涞源乌龙沟，八路军在长城上欢呼胜利（沙飞摄）

访白求恩与聂荣臻》《小机枪手在战斗中成长》《白求恩在山西五台松岩口模范病室动手术》等系列抗战摄影作品，作者沙飞，1937—1940年发表于《晋察冀画报》。

十一、以《窦娥冤》《西厢记》为代表的元杂剧在世界文学史中居于什么地位？

（一）《窦娥冤》《西厢记》等元代杂剧（元曲）名篇出自谁手？

《窦娥冤》全名《感天动地窦娥冤》，是元代戏曲家关汉卿的元杂剧代表作，也是元杂剧悲剧的典范。《窦娥冤》主要写窦娥被无赖诬陷，又被官府错判斩刑的冤屈故事。全剧四折一楔子。此剧现存版本有：明脉望馆藏《古今名家杂剧》本、《元曲选》本、《酹江集》本、《元杂剧二种》本、《元人杂剧全集》本。该剧剧情取材自东汉《列女传》中的《东海孝妇》民间故事。讲述了一位穷书生窦天章为还蔡婆婆借他的银子，不得已将女儿窦娥抵给蔡婆婆做童养媳，没过几年窦娥的夫君早死，适逢蔡婆婆索要赛卢医还钱，却险些被赛卢医害死，幸得张驴儿父子相救。那张驴儿要蔡婆婆将窦娥许配给他，窦娥始终未同意。张驴儿就将毒药下在羊肚汤中要毒死蔡婆婆，结果却误毒死了其父。张驴儿反咬一口诬告窦娥毒死了其父，昏官桃杌最后做成冤案将窦娥处斩，窦娥临终发下“血染白绫、天降大雪、大旱三年”的誓愿。窦天章最后科场中第荣任高官，回到楚州睡觉时窦娥托梦于他，诉说自己的冤情。最终窦天章为窦娥平反昭雪。

《窦娥冤》是中国著名悲剧之一，是一出具有较高文化价值、广泛群众基础的传统名剧，约有86个剧种都改编、演出过此剧。

作者关汉卿（1219 — 1301），元代杂剧奠基人，元代戏剧作家，元曲四大家之首。晚号已斋（一说名一斋）、已斋叟。汉族，祁州（今河北省安国市）人，其籍贯还有大都（今北京市）人，及解州人（今山西省运城）等说，与白朴、马致远、郑光祖并称为“元曲四大家”。

关汉卿以杂剧的成就最大，今知有67部，现存18部，个别作品是否为他所作，无定论。最著名的是《窦娥冤》。关汉卿也写了不少历史剧，《单刀会》《单鞭夺槊》《西蜀梦》等，散曲今在小令40多首，套数10多首。他的散曲，内容丰富多彩，格调清新刚劲，具有很高的艺术价值。关汉卿塑造的“我是个蒸不烂、煮不熟、捶不匾、炒不爆、响珰珰一粒铜豌豆”（《不伏老》）的形象也广为人称，被誉“曲圣”。

《西厢记》全名《崔莺莺待月西厢记》，是元代著名杂剧家王实甫的代表作。全剧共5本21折5楔子。《西厢记》大约写于元贞、大德年间。

故事讲述：前朝崔相国死了，夫人郑氏携小女崔莺莺，送丈夫灵柩回河北安平安葬，途中因故受阻，暂住河中府普救寺。崔莺莺年方十九岁，针织女红，诗词书算，无所不能。她父亲在世时，就已将她许配给郑氏的侄儿郑尚书之长子郑恒。

书生张生碰巧遇到到殿外玩耍的小姐与红娘。张生本是西洛人，是礼部尚书之子，父母双亡，家境贫寒。他只身一人赴京城赶考，路过此地，忽然想起他的八拜之交杜确就在蒲关，于是住了下来。听状元店里的小二哥说，这里有座普救寺，是武则天皇后香火院，景致很美，三教九流，过者无不瞻仰。

本是欣赏普救寺美景的张生，无意中见到了容貌俊俏的崔莺莺，赞叹道：

西厢记（图片源于网络）

“十年不识君王面，始信婵娟解误人。”为能多见上几面，便与寺中方丈借宿，他便住进西厢房。

一日，崔老夫人为亡夫做道场，崔老夫人治家很严，道场内外没有一个男子出入，张生硬着头皮溜进去。这时，斋供道场都完备好了，夫人和小姐进香，以报答父亲的养育之恩。张生想：“小姐是一女子，尚有报父母之心；小生湖海飘零数年，自父母下世之后，并不曾有一陌纸钱相报。”

张生从和尚那儿知道莺莺小姐每夜都到花园内烧香。夜深人静，月朗风清，僧众都睡着了，张生来到后花园内，偷看小姐烧香。随即吟诗一首：“月色溶溶夜，花阴寂寂春；如何临皓魄，不见月中人？”莺莺也随即和了一首：“兰闺久寂寞，无事度芳春；料得行吟者，应怜长叹人。”张生夜夜苦读，感动了小姐崔莺莺，她对张生即生爱慕之情。

叛将孙飞虎听说崔莺莺有“倾国倾城之容，西子太真之颜”，便率领五千人马，将普救寺层层围住，限老夫人三日之内交出莺莺做他的“压寨夫人”，大家束手无策。这崔莺莺倒是位刚烈女子，她宁可死了，也不愿被那贼人抢去。危急之中夫人声言：“不管是什么人，只要能杀退贼军，扫荡妖氛，就将小姐许配给他。”张生的八拜之交杜确，乃武状元，任征西大元帅，统领十万大军，镇守蒲关。张生先用缓兵之计，稳住孙飞虎，然后写了一封书信给杜确，让他派兵前来，打退孙飞虎。惠明和尚下山去送信，三日后，杜确的救兵到了，打退孙飞虎。

崔老夫人在酬谢席上以莺莺已许配郑恒为由，让张生与崔莺莺结拜为兄妹，并厚赠金帛，让张生另择佳偶，这使张生和莺莺都很痛苦。看到这些，丫鬟红娘安排他们相会。夜晚张生弹琴向莺莺表白自己的相思之苦，莺莺也向张生倾吐爱慕之情。

自那日听琴之后，多日不见莺莺，张生害了相思病，趁红娘探病之机，托她捎信给莺莺，莺莺回信约张生月下相会。夜晚，小姐莺莺在后花园弹琴，张生听到琴声，攀上墙头一看，是莺莺在弹琴，急欲与小姐相见，便翻墙而入。莺莺见他翻墙而入，反怪他行为下流，发誓再不见他，致使张生病情愈发严重。莺莺借探病为名，到张生房中与他幽会。

老夫人看莺莺这些日子神情恍惚，言语不清，行为古怪，便怀疑他与张生有越轨行为。于是叫来红娘逼问，红娘无奈，只得如实说来。红娘向老夫人替小姐和张生求情，并说这不是张生、小姐和红娘的罪过，而是老夫人的过错，老夫人不该言而无信，让张生与小姐兄妹相称。

老夫人无奈，告诉张生如果想娶莺莺小姐，必须进京赶考取得功名方可。莺莺小姐在十里长亭摆下筵席为张生送行，她再三叮嘱张生休要“停妻再娶妻”，休要“一春鱼雁无消息”。长亭送别后，张生行至草桥店，梦中与莺莺相会，醒来不胜惆怅。

张生考得状元，写信向莺莺报喜。这时郑恒又一次来到普救寺，捏造谎言说张生已被卫尚书招为东床佳婿。于是崔夫人再次将小姐许给郑恒，并决定择吉日完婚。恰巧成亲之日，张生以河中府尹的身份归来，征西大元帅杜确也来祝贺。真相大白，郑恒羞愧难言，含恨自尽，张生与莺莺终成眷属。

王实甫基本根据金代董解元所写的诸宫词《西厢记》，将其改编成多人演出的戏剧剧本，使故事情节更加紧凑，融合了古典诗词，文学性大大提高，但将结尾改成老夫人妥协，答应其婚事，成为大团圆结局。

这个剧一上舞台就惊倒四座，博得男女青年的喜爱，被誉为“西厢记天下夺魁”。

历史上，“愿普天下有情人都成眷属”这一美好的愿望，不知成为多少文学作品的主题，《西厢记》便是描绘这一主题的最成功的戏剧。

作者王实甫（1260—1336），名德信，大都（今北京）人，祖籍河北省保定市定兴县。元代著名杂剧作家，杂剧《西厢记》的作者。

王实甫与关汉卿、白朴、马致远齐名，其作品全面地继承了唐诗宋词精美的语言艺术，又吸收了元代民间生动活泼的口头语言，创造了文采璀璨的元曲词汇，成为中国戏曲史上“文采派”的杰出代表。著有杂剧14种，现存《西厢记》《丽春堂》《破窑记》三种。5本21折的《西厢记》不仅是他的代表作，而且是元代杂剧创作中最优秀的作品之一。《破窑记》写刘月娥和吕蒙正悲欢离合的故事，有人怀疑不是王实甫的手笔。另有《贩茶船》《芙蓉亭》二种，各传有曲文一折。

（二）元杂剧对后世中华文艺有何影响？

元杂剧又称北杂剧，是元代用北曲演唱的传统戏曲形式。形成于宋末，繁盛于元大德年间（13世纪后半期—14世纪）。主要代表作家有关汉卿、郑光祖、

马致远、白朴、王实甫、纪君祥等。主要代表作有《窦娥冤》《汉宫秋》《倩女离魂》《梧桐雨》《赵氏孤儿》等。其内容主要以揭露社会黑暗、反映人民疾苦为主，现实主义与浪漫主义相结合，主线明确，人物鲜明。其结构上最显著的特色是，四折一楔子和“一人主唱”。杂剧角色分为旦、末、净、杂。旦包括正旦、外旦、小旦、大旦、老旦、搽旦、贴旦等。正旦指歌唱的主要女演员。外旦、贴旦是次要女演员。末包括正末、外末、小末、冲末、副末等。正末是歌唱的主要男演员，外末、副末是次要的男演员。冲末是首次上场的男演员。净是性格暴烈的男演员。杂是除以上三类外的演员，有孤（官员）、驾（皇帝）、卜儿（老妇人）、徕儿（小厮）、细酸（读书人）等。

元杂剧在中国文艺史上地位独特，承前启后。唐诗、宋词、元曲、明清小说，说的就是元杂剧（元曲）在中国文艺史上的地位。在元代的各类文学作品中，杂剧作品反映当时的社会生活最为广泛。元人胡只遹在《送宋氏序》中这样来说明当时杂剧内容的广泛和题材的多样，“上则朝廷君臣政治之得失，下则闾里市井父子兄弟夫妇朋友之厚薄，以至医药卜筮释道商贾之人情物性，殊方异域风俗语言之不同，无一物不得其情，不穷其态”。在元代各类文学作品中，也只有杂剧作品取得的成就最高。元代罗宗信为《中原音韵》写的序文说到当时已出现把“大元乐府”和唐诗、宋词“共称”的说法。按照《中原音韵》体例，所谓“大元乐府”指散曲和杂剧。后世的人也不断有这种说法，其中还有专把元杂剧和唐诗、宋词相提并论的。这种看法反映了元杂剧是具有代表性的一代艺术。杂剧创作形成一个新的社会文艺主潮，终于取代正统诗文而成为“一代之文学”（ 王国维语），进而在我国文学史上开创了一个戏剧创作和演出的时代 。

元杂剧对后世中华文艺影响巨大。首先，元杂剧是中国文学史上俗文学的第一次大规模的收获。从此以后，俗文学便以矫健的雄姿活跃在文坛艺苑上，扮演着举足轻重的角色。其次，元杂剧是中国文艺史上戏曲艺术的第一次大规模的收获。中国古代戏曲艺术的起源可以追溯到先秦时期，但戏曲艺术的真正成熟却是在宋元时期。元杂剧与宋元戏文相媲美，一起成为中国古代戏曲艺术最早的成熟形态，为古典戏曲的表演艺术奠定了基础，并一直成为明清时期各种戏曲艺术不可逾越的典范。从此以后，戏曲艺术就成为中国人文化生活中一种不可或缺的精神养料，塑造着中国人的民族性格和精神面貌。再次，元杂剧也为中国文学史奉献出一笔极其丰厚的精神遗产。元杂剧作家以直面人生的现实精神和纯熟精湛的艺术技巧，创作出一大批旷世杰作，不仅使中国古代叙事文学发展到了一个新的里程碑，也为中国古代文学思想提供了不可多得的形象资料。

（三）元杂剧在世界文学史中居于什么地位？

众所周知，世界上存在着三大古典戏剧形态，即中国戏曲、古希腊戏剧、印度古典梵剧（徐子方，《关汉卿在世界戏剧和文学史上的地位》，《河北学刊》，1990 年第 3 期）。

古希腊戏剧

古希腊戏剧，是指大致繁荣于公元前 6 世纪末至公元前 4 世纪初之间的古希腊时期的戏剧。古希腊戏剧是世界上最古老的戏剧，产生于公元前 6 世纪，于公元前 5 世纪达到鼎盛时期。雅典最早的戏剧传统起源于祭奠酒神狄奥尼索斯的宗教活动。雅典最早的戏剧表演出现在一年一度的酒神节上。这一时期只有四位戏剧作家有作品传世，四个人都是雅典人。他们分别是悲剧作家埃斯库罗斯、索福克勒斯和欧里庇得斯，以及喜剧作家阿里斯托芬。

埃斯库罗斯（前 525—前 456），是古希腊最伟大的悲剧作家。他对古希腊悲剧最大的贡献是在表演中引入了第二个演员，改变了过去古希腊戏剧中只有一个演员和歌队共同演出的传统模式，为戏剧情节的发展和戏剧道白的丰富多彩提供了可能和便利条件。埃斯库罗斯已知剧名的作品共 80 部，其中只有 7 部传世，包括《俄瑞斯忒亚》三联剧（《阿迦门农》《奠酒人》和《复仇女神》）、《乞援人》、《波斯人》、《七将攻忒拜》和《普罗米修斯》。埃斯库罗斯是整个古希腊戏剧的第一位大师，对整个西方戏剧艺术的发展产生了深远的影响。

索福克勒斯（前 496—前 406），是雅典民主全盛时期的悲剧作家。他在 27 岁首次参加戏剧创作竞赛，即战胜了埃斯库罗斯。阿里斯托芬称赞他“生前完满，身后无憾”。索福克勒斯一生共写过 100 余部戏剧，却只有 7 部传世，成就最高的是《安提戈涅》和《俄狄浦斯王》。其中，《俄狄浦斯王》被认为是古希腊悲剧的典范。

欧里庇得斯（前 480—前 406），是雅典奴隶制民主国家危机时代的悲剧作家。他一生从未参与过任何政治活动，而是醉心于哲学思考。他在自己的作品中提出了许多问题，包括神性与人性、战争与和平、民主、妇女问题等等。他一生共创作了 80 余部悲剧，有 18 部传世。其中最优秀的包括《美狄亚》《特洛伊妇女》等。

阿里斯托芬（前 446—前 385），生活于伯罗奔尼撒战争时期，雅典的城邦文明正在衰落之中，雅典社会出现了贫富分化、政治派系等现象，这些都成为剧作家创作的素材。阿里斯托芬一生共写过 44 个喜剧剧本，但完整流传下来的只有 11 部，比较著名的包括《云》《鸟》《骑士》《阿卡奈人》等。其中《鸟》是最优秀的作品，也是古希腊现存的结构最完整的寓言喜剧，是乌托邦喜剧的滥觞。阿里斯托芬是整个欧洲的喜剧之父，正是他奠定了西方文学中喜剧以滑稽形式表现严肃主题的传统。

古印度梵剧

古典梵语戏剧起源于公元前 8 世纪，但没有剧本流传下来。公元前后产生的戏剧理论著作《舞论》对戏剧艺术作了全面的论述。但现存剧本均出自公元后。最早的是 1—2 世纪佛教诗人和戏剧家马鸣的 3 部戏剧残卷。残卷证实当时古典梵语戏剧已处在成熟阶段。

公元前 2000 年的印度尚处于原始公社制社会，在当时的诗集《吠陀》中的《梨俱吠陀》关于爱情的对话诗里，已包含着戏剧的胚芽。印度进入奴隶社会的所谓“史诗时代”后，出现了民间夜神赛会时的戏剧性表演，是印度戏剧的正式萌芽。约公元元年前后，印度古典戏剧步入成熟期。约公元 1—2 世纪，佛教戏剧家马鸣创作的《舍利弗传》等剧本，标志着古典戏剧成熟了。继马鸣之后，戏剧家跋娑活跃一时。20 世纪初发现了他写的 13 部富有民间色彩的剧本，通称为“跋娑十三剧”。

继公元前 2 世纪戏剧理论巨著《舞论》出现后，戏剧家首陀罗迦创作了现实主义的杰出剧作《小泥车》。约公元 4—5 世纪，印度古典戏剧的杰出作家迦梨陀娑创作了《摩罗维迦与火友王》《广延天女》《沙恭达罗》等剧本。其中《沙恭达罗》至今享誉世界。

公元 7 世纪后，印度古典戏剧开始衰退，只有 8 世纪薄婆菩提的《罗摩传后篇》最为著名。

梵剧体例的形成当与大乘佛教的发展同时，且有直接的关系。大乘起于希拉思想最盛的建陀罗及其附近诸国，梵剧也是在那里产生出来的。梵剧在产生、形成过程中受到了希腊戏剧的若干影响。

自11世纪以后，印度戏剧作品很少有优美的流传久远者。因为自8世纪开始有回教徒、波斯人、基督教徒和近代的葡萄牙人、英吉利人的侵入，使印度文学艺术的创造毁灭了不少，使之完全失掉了本来面貌，故而印度古典梵剧基本上没有流传下来。

古希腊戏剧和古印度梵剧。这两大民族古典戏剧在时代上走在世界的前面，属于早期人类文明之一。西方戏剧发源于希腊，东方戏剧则萌芽于印度。

中国戏曲

早在先秦时代，我国的宫廷俳优表演即已很发达，至汉时已发展成为《东海黄公》等故事性较强的表演戏，演员也由一人发展到三国时代的两个，但表演艺术始终未能和剧本创作艺术结合起来。叙述体说唱诸宫调直到宋金时期才向着代言体过渡，二者的结合导致了北杂剧的繁荣，也形成了我国戏曲史的第一个高潮。可以说，元杂剧是中国戏曲之始，关汉卿被称为中国戏曲之父。

与古希腊戏剧和古印度梵剧比，虽然在时代上稍后，但关汉卿的编剧艺术在类型上拓宽了戏剧表现的路子，这就是说古希腊人仅局限于互不干涉的悲剧和喜剧，古印度人仅局限于悲喜剧一个方面，而关汉卿同时兼擅上述各种戏剧类型，并且他不是简单将古希腊悲剧和喜剧、古印度悲喜剧移植而来，而是通过自己摸索创制了新型的戏剧样式，而西方戏剧得在公元14、15世纪的文艺复兴运动时期，直到莎士比亚、瓜里尼和狄德罗、博马舍等人那里才走完这一条道路；梵剧则未来得及显示这种征象就已走完了整个生命的旅程。以关汉卿为代表的中国元杂剧编剧艺术在这方面的成就，是世界戏剧史所不能忽视也不应忽视的事实。

关汉卿是兼擅悲剧、喜剧、悲喜剧（正剧）等多种形式的戏剧艺术大师。在这一点上无论是埃斯库罗斯、阿里斯托芬、还是迦梨陀娑都不能与之相比。真正在这方面有资格和关汉卿相比较的是文艺复兴时期英国的莎士比亚（1564—1616，代表作《奥赛罗》《哈姆雷特》《李尔王》和《麦克白》）。关汉卿和莎士比亚剧作的共同特点是最大限度地接近了社会现实。在悲剧中具有喜剧因素，喜剧中具有悲剧成分，这在之前的西方戏剧史上是件不可设想的事。莎士比亚在创作中勇于突破传统的规范，这不是败笔而是对戏剧史的贡献。同样，关汉卿悲剧中的喜剧因素、喜剧中的悲剧成分也是对戏剧史和戏剧美学的贡献。从某种意义上说，他较莎士比亚更进一步地拓宽了戏剧形式所表现的范围。在时代上亦较莎士比亚早了数百年，即当西方还处在中世纪神秘剧、奇迹剧的蒙昧状态时以关汉卿为代表的中国戏曲已经在悲、喜剧因素的互相融合方面走得这么远，显得是这么成熟了，这在世界戏剧发展史上就更具有特殊的意义。以同时擅长各种戏剧类型而论，西方要在关汉卿之后的300年才出现了莎士比亚，这也是世界戏剧史所不能回避也回避不了的事实。

在中国戏曲史上，另一位占据重要历史地位的戏曲家是明代的汤显祖（1550—1616，戏剧家、文学家，汉族，江西临川人）。他与莎士比亚同时代，其代表作为《牡丹亭还魂记》（简称《牡丹亭》，也称《还魂梦》或《牡丹亭梦》），刊行于明万历四十五年（1617年），被称传奇剧本。

该剧描写了官家千金杜丽娘对梦中书生柳梦梅倾心相爱，竟伤情而死，化为魂魄寻找现实中的爱人，人鬼相恋，最后起死回生，终于与柳梦梅永结同心的故事。

该剧是中国戏曲史上杰出的作品之一，与《西厢记》《窦娥冤》《长生殿》合称中国四大古典戏剧。该剧文辞典雅，语言秀丽。与《西厢记》《窦娥冤》《长生殿》同为北曲不同，《牡丹亭》是南曲剧本的代表作。

在Daniel S. Burst编著的《100部剧本：世界最著名剧本排行榜》中，《牡丹亭》名列第32位，是唯一入选的中国剧本。

该剧被译成多种文字介绍到国外。《牡丹亭》最早的英译本是1939年阿克顿选译的《牡丹亭》中的“春香闹学”，载《天下月刊》第8期1月号。1980年，美国柏克莱大学的白之教授第一位将《牡丹亭》全英译本介绍给西方的学者。德国洪涛生翻译的《牡丹亭》1933年由北京出版社出版，全译本1937年分别由苏黎世和莱比锡拉舍尔出版社出版，日译本有两种版本。此外还有多种单折的译本。

美国导演彼得·塞勒斯依据《牡丹亭》英文全译本，由谭盾作曲，华文漪、黄鹰等主演，执导了具有西方特色的歌剧版《牡丹亭》，全剧长达三个小时，于1998年5月在维也纳首演，而后又在巴黎、罗马、伦敦等地巡演，并于1999年在美国作了最后一场演出。

在《牡丹亭》问世400周年的时候，由美国华人、纽约大学艺术学院客座教授陈士争执导，上海昆剧团排演的《牡丹亭》于1999年7月在美国纽约林肯中心首演。陈版《牡丹亭》以汤显祖原著55出全本演出，这是《牡丹亭》自问世以来鲜有的全貌。

十二、安国的药王庙为什么供奉的不是孙思邈？

（一）药王信仰起于何时？与道教是什么关系？

药王是古代对精于医术的名医和有关传说人物的景仰并加以神化，而后奉为主司医药之神。药王一般指孙思邈，世称孙真人，后世尊之为药王，成为中国民间信仰之一。因各地民俗的不同，故信奉的药王不止一个，其中著名的还有上古时期的神农，战国时期的扁鹊，三国时期的华佗，唐代的韦慈藏、韦善俊、韦古道（韦老师）、东汉时期河北安国的邳彤等。

药王被中国民间奉作医神，最迟出现在宋代。南宋时药王的原型有韦善俊（唐代卖药神仙）和韦慈藏（唐代御医），元代则将韦古道（唐代疏勒国人）作为药王原型。此时药王的形象均为有黑犬随行之仙医。明清各地的药王庙众多，庙中的药王也非指同一神。古代药王原型虽各有不同，但在中国民间，药王成为人们祈求安康、祛病禳灾的精神寄托，同时也反映了中国民间对历代名医的纪念和尊崇。

中国的道教与医家密不可分，核心思想极为雷同。纵观中国历史，我们可以轻易地看到，医学与道教仿佛是两条共生的曲线，舞动着同样的轨迹。夏商之时的历史难以考证，而自周开始，汉、三国、晋、唐、宋这些道教兴旺的年代，都有着一代代大医家的出现。汉朝汉武帝炼丹便是推崇道教的集中体现，而诸如《黄帝内经》等经典的医书也多是成于汉朝；三国黄巾起义中道教作为起义的工具，而张仲景、华佗都是那一时代的神医；晋代葛洪一人便挑起了道教和医家两个重担；唐代的神仙术更是极为流行，一代药王孙思邈本身便是道号妙应真人、在长安道观修行的道人；及至宋代，龙虎山天师道中的张真人被历代皇帝尊为天师，这也是我们熟知的《水浒传》中开头的情节背景之一。中医名方天王补心丹据说与邓姓道家有关。道家修持法门有内丹法，有外丹法。内丹大体就是道门羽士们平日择一风景优美、钟灵毓秀之地长久打坐，内视胎息以求膻中丹田升起一枚金丹。而这外丹，顾名思义便是借助大自然中的草药矿物与动物血肉，炼成灵丹以求延年乃至升仙。这外丹就是中医药的一种变形，只不过是换作另一种方法呈现而已[1]。因此道教追求长生不死，修真成仙，首先得祛病延年，而医药的作用也在治病、防病、延寿。所以，医药成为仙道修炼的重要方术之一，凡是学道求仙的人必须懂得医药，医药成为有知识的道教徒的必修功课[2]。所以道教徒中如葛洪、陶弘景、孙思邈等都是著名的医药学家，并被后世神化，尊为药王。

（二）一代名医孙思邈为何成为被中华民族大众普遍供奉的药王？

孙思邈，京兆华原（今陕西省铜川市耀州区）人，唐代医药学家、道士，被后世誉为“千古药王”。孙思邈仙逝之后，人们将他隐居过的“五台山”改名为“药王山”，并在山上为他建庙塑像，树碑立传。每年农历二月初三，当地民众都要举行庙会，庙会时间长达半月之久。至今许多地方还有纪念他的药王庙和药王庙会。

孙思邈天资聪颖，幼年嗜学如渴，知识广博，只是后来身患疾病，经常请医生治疗，花费了很多家财；同时他看到周围的百姓过得很贫苦，很多人因为无钱医治疾病而死去。于是，他便立志从医，从 18 岁开始终身勤奋不辍。孙思邈认为人的生命是至关重要的，如果能帮助病人恢复健康那将是功德无量的事情。

孙思邈医术高明，善于学习前人的经验。他曾认真钻研古代的医书《黄帝内经》《伤寒杂病论》《神农本草经》等，从中汲取了丰富的医药学知识。他还善于从民间挖掘和吸收中医药学知识，注意向人民学习，在实践中学习，他的足迹印在许多名山之上，他的身影经常出现在民间。孙思邈终生孜孜不倦地学习，发现别人有好的医方，他便不远千里，前去求教。他从民间学到

[1] 吕宣新、吕迪阳，《浅论中医与道教》，《光明中医》，2014 年第 6 期。

[2] 钟肇鹏，《道教与医药及养生的关系》，《世界宗教研究》，1987 年第 1 期。

了许多医药知识和经验。这种刻苦好学、虚心求教的态度使他的医药学知识有了很快的提高。

孙思邈不仅善于从人民群众中挖掘和吸收医药学知识，而且还重视把基本的医药学知识向群众普及，他主张人人都应当掌握一定的医药学知识。为了普及工作的开展，他认为应当编一部简易实用的医药书。当时的医药书籍往往都浩繁难查，一般人家难以置办，不利因病设方。于是他遍检历代医学典籍，结合自己的临床经验，参照民间验方，编成《备急千金要方》。这是一部包括中医基础理论和临床各科的诊断、治疗、针灸、食治、预防、卫生等各方面医学知识的医药卫生书。全书计 30 卷，编为 232 门，共收载方论 5300 首。孙思邈一生勤于著书，专心立著，直至白首之年，未尝释卷。孙思邈一生写了多部医学书，其中流传到今天最为著名的有《千金要方》和《千金翼方》两部巨著。这两部巨著起到了上承汉魏、下接宋元的历史作用，被誉为中国古代医学百科全书，被国外学者推崇为“人类之至宝”。日本和朝鲜的一些医药学家也受到孙思邈的影响。日本在天宝、万治、天明、嘉永及宽政年间，曾经多次出版过此书。

孙思邈是我国唐代医药学家的卓越代表，是我国唐代以前医药学成就的集大成者，他的光辉成就为中华民族在世界医学发展史上赢得了荣誉。孙思邈多次拒绝隋文帝、唐太宗、唐高宗征召进京做官，坚持采药行医，济世救民。孙思邈具有高尚的医德，一切以治病救人为先。他关心人民的疾病痛苦，处处为患者着想，对前来求医的人，不分高贵低贱、贫富老幼、亲近疏远，皆平等相待。他出外治病，不分昼夜，不避寒暑，不顾饥渴和疲劳，全力以赴。临床时，精神集中，认真负责，不草率从事，不考虑个人得失，不嫌脏臭污秽，专心救护。特别是他提倡医生治病时，不能借机索要财物，应该无欲无求。他这种高尚的医德，实为后世之楷模，千余年来，一直受中国人民和医学工作者所称颂，被尊称为“药王”。

（三）安国药王庙为何供奉的是邳彤？

汉武帝元狩六年（前 117 年）始置安国县。宋景德元年（1004 年）祁州治所迁至此，故安国古称祁州。河北省安国市自宋代起就是著名的中药材集散地，故又有“药都”之美称。药都自然少不了药王庙。可是，与别处的药王庙不同，此庙供奉的“药王”，却不是什么医圣，而是一位武将邳彤。

邳彤出生时间无史载，但他卒于公元30年有史可查。他是信都郡信都县（今河北省衡水市冀州区）人，是东汉初期赫赫有名的云台二十八将之一，《后汉书》中的《邳彤列传》用八百余字介绍了邳彤的生平事迹，称赞他是“一言可以兴邦”的俊杰，可以说，邳彤为刘秀打天下立下了汗马功劳。身为东汉开国初年的一名武将，邳彤怎么就成了安国药王庙的药王了呢？有学者查阅了大量的文史资料后，认为清朝中叶，人们将邳彤附会为安国县信奉的神医“皮王”（邳与皮同音），从此之后，邳彤被尊为“药王”。光绪年间的《畿辅通志》中记载：“汉邳彤庙，俗误为皮场庙，在祁州南门外，自宋迄今有疾者，祷之即愈。宋咸淳六年（1270年）加封‘明灵昭惠显祐王’。”然而，史籍中没有南宋咸淳六年加封邳彤“明灵昭惠显祐王”的记载。由此我们猜测，有人生病后到邳彤庙祷告，结果病愈，这种偶然的事情使人们误传邳彤懂医术，以讹传讹。“宋秦王”看病的传说就是如此。“宋秦王”指宋太祖赵匡胤第四子赵德芳。此人于太平兴国六年（981年）三月病逝，时年23岁。宋徽宗时，追封赵德芳为“秦王”，史称“宋秦王”。相传，赵德芳生前，有一次得了大病，请了很多大夫看都不见成效，最后来的一个大夫，很快就把他的病治好了。赵德芳问他的姓名，这位大夫只告诉他自己是“祁州南门外人也”。于是，赵德芳派人到祁州南门外去打听，一打听才知这位大夫竟是东汉初年的开国大将邳彤显灵。赵德芳就在安国建起了药王庙，祭祀邳彤。所以说，安国药王庙供奉的“药王”，不是“医圣”。

位于安国市城南的药王庙是中国现存规模最大的纪念医圣的祠庙建筑群，相传始建于北宋太平兴国年间（976—984年），至今已有千年的历史，为全国重点文物保护单位。邳彤墓现存于此庙内。据公元1880年（光绪六年）年夏天，进士出身的沈鸣珂撰写《增修明灵昭惠显祐王庙碑记》中记载：“考之邑乘，王为光武时二十八将之一，邳姓彤名，安国县邑之南关有王之故墓在，遂祀焉。”[1] 药王墓亭在药王庙的中院。墓为亭式，木拱起脊，琉璃瓦顶，外形玲珑别致，富有民族特色。墓碑上书有“敕封明灵昭惠显王之墓”。明朝永乐二年（1404年），以邳彤墓为中心，在宋朝所建药王庙的基础上扩

---

[1] 李金钢，《药王文化的凝结与弘扬》，《中国中医药报》，2016年1月21日。

建药王庙。现存药王庙建筑群占地3200多平方米，为三进式院落，坐东向西，结构严整，由牌坊、马殿、钟鼓楼、药王墓亭、碑房、十大名医殿、药王正殿、后殿等建筑物组成。药王庙门前，矗立了两根高20多米高的铁铸旗杆，上端悬斗吊铃，饰龙飞凤舞图案，旗杆下部则有一副铸铁对联，内容为“铁树双旗光射斗，神庥普荫德参天”。山门乃木质牌楼，有着精美的木雕，皆为龙凤图案，门额上题写了“封加南宋，显灵河北”八个大字。前庭塑有红、白两匹战马和两名英俊的马童，象征邳将军征战的场面。殿宇间碑碣林立，有的碑上刻着古代治病药方，有的刻着各种中药材知识。各殿内悬挂各地药商帮会及名人题写的大量匾额。南北两配殿中，有中国十大名医塑像：左有华佗、孙琳、张子和、张介宾、刘河间，右有扁鹊、张仲景、孙思邈、徐文伯、皇甫谧。塑像神态各异，栩栩如生。

安国药王庙

那么，人们为何又认同这一供奉行为呢？安国药材行业自宋代发展起来，到了明代，药材市场逐渐兴旺，药材贸易带动了药材加工、种植等产业，形成了家家种药的盛景。清末民国初年，安国药市规模已达到了全国药市之最，素有“药都”之称。也正是在清代，在商业利益的驱动下，邳彤被安国的药商们尊为药王，就像今日的“形象代言人”，不仅形成了一股凝聚力，能促进安国药商的团结，还可作为一个招牌，广造声势，有利于安国药业发展。

（四）药王文化对中国人的生活方式有什么影响?

在历史的长河中，我国中医药学积淀形成了“药王文化”——大医精诚。药王文化，是高尚医德、精湛医技的凝结，是中医标志性的文化符号[1]。药王文

[1] 范晔，《后汉书》，中华书局，2000年。

化，是一种行为文化，也是一种物质文化，更是一种精神文化。

中国的中医药学是从远古时代的以“药王”为代表的先民同大自然艰苦搏斗以求生存的产物，是祖先智慧与心血的结晶。中医药的每一步发展、每一种诊法、每一味中药全是我们祖先拿生命换来的。中医的一把草、一根针以及一套至今魅力不减的理论体系，不仅能济世救民，普度众生，从某种意义上说，中医还是一种文化，一种思想，更是一种主义。中医秘方养生、中医推拿、中医浴足、中医美容、中医减肥……走在城市的大街小巷，这样的招牌随处可见，而且客来客往，生意红火。

药王文化作为中国传统文化下的中医药特色历史文化的一个缩影，浓缩了中医药特色历史文化的诸多方面。中医药学具有悠久的历史和丰富的临床实践积累，其优势在于具有整体论的生命科学理论、辨证论治的治疗方法和以“治未病”为指导的综合调理养生保健理论。中医药学的这些特点，使得它在当代生命科学前沿探索、应对当代面临的以非传染性慢性病等复杂疾病为主的健康挑战、实现医学模式的调整和转变等方面发挥不可替代的重要作用，显示出强大的生命力和勃勃生机。

当今社会，追求健康、期望长寿是人们的普遍愿望和梦寐以求的理想。传统中医药由于其数千年来流传的养生之道而受到人们的广泛关注，正全面影响着现代人们的生活方式。中国文化最推崇自然。所谓“天人合一，道法自然”、中医中药，正是中国人在自然中为自己寻找的一种“道”，其不仅可以治愈疾病，同时也满足普通人调养生活、健康保健和延年益寿的需求。数千年来，药王文化在历史嬗变中不断丰富内涵，注入新的活力，特别是在新的历史时期，药王文化与时俱进，为改革开放和社会主义现代化事业提供了有力支撑。

另一方面，遍布全国各地的药王庙遗址遗迹，作为文化遗存是物质与精神兼具的，自古以来，有着诸多的信众和游客。去药王庙烧香上供求药的人长年不断。由于药王庙地域的特殊环境，庙内优美、幽静的自然景观使人们在参观活动中感到精神振奋，患者疾病或心理障碍不治自愈的神奇传说，至今在民间广为流传。药王庙虽历经沧桑，但祭祀活动却从未中断。千百年来每逢庙会更是人流如潮，香烟遮日，花会演出，鼓乐喧天，满目货物，目不暇接，蔚为壮观。悠久的历史和丰富的文化内涵使药王庙独具特色，它集民俗文化、医药文化、历史文化、宗教文化为一体，在人们面前展示了中国远古以来的圣祖先贤和佛教神像，以及为中华民族作出杰出贡献的医药圣贤，并以科学精神诠释了中华民族发展进步的光辉历程。药三庙已演化成为弘扬中华传统医药文化，融知识性、教育性、观赏性为一体的文化教育旅游场所。

近年来河南、河北、天津、湖南、山西等地举办“药王”中医药文化节，充分挖掘中医药文化资源，研究历代名医、流派的学术特点和学术思想，加强具有地方特色诊疗技术和名医、名科的培育及整理研究。“药王”文化节弘扬药王文化，推动全民健康，实现全面小康。文化节期间，举办中药材交流交易展，把中医药产业作为推动经济发展和增加农民收入、助推脱贫攻坚的优势产业，形成种植标准化、加工精细化、营销市场化的中医药产业发展格局，为经济社会持续稳定发展增添强劲动力。同时开展群众喜闻乐见、内容丰富的中医养生、中医保健、中医理疗科普宣传活动，打造现代养生保健、娱乐、就医服务、文化传播与交流等功能于一体的综合性康养场所。此外，还举办中医药传承与发展专家论坛、讲座、摄影等文化活动。“药王”文化集合了我国传统文化中的诸多因素，它不仅包含着传统医药、历史、民俗、宗教等方面内容，还包含着文学、艺术领域的众多方面。随着时代的发展，“药王”文化之精髓历久弥新、博大精深、源远流长，是我们宝贵的精神财富。

十三、保定历史上产生过哪些儒学大家？

（一）儒学为何与道教、佛教一起成为中国人的信仰？

“信仰”一词最早出现于佛教典籍唐译《华严经》，“一切仙人殊胜行，人天等类同信仰，如是难行苦行法，菩萨随应悉能作”。[1]信仰指对某种主张、主义、宗教或对某人、某物的信奉和尊敬，并把它奉为自己的行为准则。信仰是人类群体稳定存在并发展进步的基石之一。

千百年来，真正在中国人的精神系统中发挥作用的观念是“天”“祖”崇

[1]《佛教辞典》（信仰）词条，中国当代佛教网，2019年8月12日。

拜为核心的信仰系统。以孔子为代表的儒家文化是中国传统文化的主流和重要组成部分，或曰中华主流文化，是凝成中国民族精神的主流，是东亚文明的精神内核。儒学的这种地位是历史形成的，在2500多年前，孔子创立儒家学说，不是凭空创造的，而是在社会的大动乱中通过对以往流传下来的中国传统文化遗产进行反思，认真清理和重新加以诠释而形成的思想学说体系。孔子提倡“信而好古”和“好古敏以求之”，使儒学具有深厚的历史渊源，成为中国原典的保存者和当时中国传统文化的集大成者。孔子非常注重实地考察，坚持“察知征信”与“因革损益”的原则，使儒学又具备审慎的因时制变的品格，在中国处在第一次社会形态大变革的时代，儒学应运而生，突出了中华传统文化需要保存、延续和发展的历史必然。儒学十分注重激励民族精神与爱国主义，同时又以“近者悦，远者来”和“四海之内皆兄弟”的博大胸怀，倡导民族和睦、友好相处，对中华民族共同体的形成与巩固起了凝聚作用，因此，儒学长期以来是中华民族共同的精神支柱。儒学不是宗教却能取代宗教，坚持的是一种对儒学的信仰和信赖。儒学提倡德化社会、德化人生的思想对中国人产生了极其深远的影响，成为华人世界共同的文化心理基础。直至今日，儒家文化仍具有一种积存深厚的民族文化认同的凝聚力，起着中华民族团结和国家统一的重大作用。

清末民初的文化名人辜鸿铭认为儒学中的“皇权信仰”与“祖先崇拜”为中国人带来安全感与永恒感是儒学被信仰的心理学原因；儒学建立在遵循“人之真性”的人性关怀基础上是儒学被信仰的人性原因；学校与家庭对亲情之爱的教育与熏陶是儒学被信仰的情感原因；儒学对民众道德感的培育是其取代宗教教化功能的道德原因；能以道德教化维持社会良序是儒学成为被统治者推崇的社会原因（辜鸿铭，《辜鸿铭文集》（下），辜鸿铭、黄兴涛等译，海南出版社，2000年）。辜鸿铭称儒教为“良民宗教”（The Religion of Good - citizenship），他认为儒教作为“良民宗教”的特点有三：第一，儒教的道德教化功能曾经给中国社会带来长久的和平与秩序。第二，儒教教给人们正确的人生观，怎样去做一个好人。第三，“良民宗教”教导人们尽义务而不是争权利。道德责任感是中国传统社会秩序的基础，儒教的目标就是培育人们的道德责任感，在社会秩序、教育方法、统治方式和所有社会设施中都贯彻这一目标。

儒家思想对中国人的影响是最深远持久的，虽然学说中有很多现在看来迂腐的东西，但是仁礼等思想是有积极意义的，中国人知书达礼、温文尔雅等民族气质与长期受儒家学说熏陶密切相关。中国人的信仰就是仁爱、和谐、和睦、安定、真诚。儒家说的仁爱，佛家说的和谐，道家说的真诚，都是对人类先天本性的礼赞。与作为宗教层面信仰的佛和道一样，儒家文化在中国传统文化中的主体地位，决定了并且时刻影响着中国人的精神与道德取向，从而成为中国人的信仰。

（二）保定产生过哪些享誉全国的儒学大家?

孟子首启儒家道统之说，曰："由尧舜至于汤，由汤至于文王，由文王至于孔子。"按照孟子的说法，儒家道统的起点是尧帝，据考证，保定是尧帝的故乡。保定在历史上一直是文化和文明的高地，鸿儒硕学辈出。

后汉三国时期，出现了被曹操誉为"学为儒宗，士之楷模，国之桢干"的经学大师卢植（139—192），以及深受儒家忠孝仁义思想影响的一代帝王刘备（161—223）。

隋唐时期，有修撰《北齐书》的父子史学家李德林（530—590）、李百药（565—648）。

宋代有北宋五子之一，被王阳明誉为"人中豪杰"的易学大家邵雍（1011—1077），范阳（今保定涿州）人，"理学"的主要开创者，易学研究在后世影响尤为深远，诗歌总量冠居宋儒之首，在文学史上亦有一定地位。《宋史》记载："雍高明英迈，迥出千古，而坦夷浑厚，不见圭角，是以清而不激，和而不流，人与交久，益尊信之。"朱熹评价其："程、邵之学固不同，然二程所以推尊康节（邵雍）者至矣。盖信其道而不惑，不杂异端，班如温公（司马光）、横渠（张载）之间。"

元代有被誉为元代三大儒之一的刘因（1249—1293），元代雄州容城（今属保定）人，元代重要的儒学代表人物、元初北方理学家，为理学由宋到明的过渡起了重要的作用。黄宗羲有云："有元之学者，鲁齐（许衡）、静修（刘因）、草庐（吴澄）三人耳。"孙奇逢评价道："畿辅理学以精修为开山，文章节义为有元一代大儒。嗣后，衍薪传之绪，大约皆宗精修。"

明代有铁骨铮铮的杨继盛（1516—1555）享誉士林，名满天下。

明清鼎革之际，是保定人才集中涌现，极具燕赵风骨的时期，也是保定

容城刘因雕塑

容城孙奇逢纪念馆

儒学的鼎盛时期，形成了以孙奇逢为首的夏峰学派和以颜元、李塨为首的颜李学派，两大学派前后相继，以实学号召，成为明清实学思潮的主要代表，对北方学风影响极大。孙奇逢，清代直隶容城（今属保定）人。他与黄宗羲、李颙被称为清初三大儒、海内大师，被尊为清初北学开山，北方学者无一不受其影响。《清儒学案》评价其“气魄独大，北方学者奉为泰山北斗”。（徐世昌，《清儒学案》，中华书局，2008年）方苞称其“百数十年间北方真儒死而不朽者”，钱穆赞其“夏峰诚不愧当时北学之冠冕”。（太行山夫，《河北古代儒学十大高峰摭谈》，360doc个人图书馆，2017年11月28日）

此外，这一时期还涌现了军事思想家孙承宗（1563—1638），以及大儒鹿善继（1575—1636）、刁包（1603—1669）、王余佑（1615—1684）等。

位于保定的莲池书院，清代曾是北方最高学府，执教和执掌书院的先后有章学诚、黄彭年、张裕钊、吴汝纶、王树枏等名师大儒，尤其是曾国藩“曾门四子”中两位最杰出的弟子张裕钊、吴汝纶先后执掌书院20年，在其执掌下，莲池书院在晚清民国之际声誉日隆，士子书生云集，造就众多达官和知名学者，使得直隶学术之盛，甲于全国。

（三）颜李学派对后世中国思想界有何影响？

颜李学派是17世纪在中国北方形成的一个重要的思想学派，创始人为清初北方著名学者颜元与李塨。颜李学派标帜“实学”，主张“实文、实行、实体、实用”，与清初官方提倡的宋明理学相对立，在社会上产生过相当大的影响。它是17世纪中国思想界中对传统思想文化有所突破的一个新的学术流派。

颜元（1635—1704），字易直，又字浑然，号习斋，直隶博野县（今属保定）北杨村人。

李塨（1659—1733），清初哲学家。字刚主，号恕谷。直隶蠡县（今属保定）曹家蕞人。

颜元是颜李学派的创始人，他标志“六艺之学”，道艺兼习，文武并重，其思想别具特色，自成一家，然而，其思想之形成是经历了一个复杂过程的。颜元曾经深受理学影响，24岁时得陆王语录，喜而笃学之。26岁时见周程张朱之书，又转宗程朱，屹然以道自任。到了34岁，对理学产生了怀疑，思想发生转变。颜元思想转变后，离开程朱，不是回到陆王，而是沿着事功派的方向走向彻底反理学的道路。

颜元思想渊源之大端有四：一是胡瑗的“实学”；二是陈亮的事功学；三是荆公新学中的事功思想；四是张载的政治思想。概言之，颜元融合了胡瑗“实学”、陈亮事功学、荆公新学以及张载的政治理想，体现了理学思想，阐述了自己的理论观点，并进而逐步形成其“实文、实行、实体、实用”的实学思想体系。

博野颜元文化广场

颜元是颜李学派的创始人，但他一生很少著述及外出讲学，所以其学传之不远。不过，其弟子门人极崇颜学，致力于宣传其学的也为数不少，李塨便是其一。李塨是颜元的大弟子，21 岁起便师事颜元，承习斋之教，一生注重习行经济，可谓是颜元学术思想的直接继承者和传播者，所以时称“颜李学派”。他 37 岁以后曾几次别师南游，广结海内名流，“遍质当代夙学”，如梅文鼎、万斯同、毛奇龄、王复礼、阎若璩、胡渭、方苞、戴名世、孔尚任等皆相纳交。前辈如顾炎武、黄宗羲诸大儒虽未拜识，然其著作也多曾寓目。所结交者除方苞等少数人宗信理学外，多数人是反理学学者或汉学家，因此李塨在学术思想上能够比较广泛地吸收当时批判宋明理学的成果，其学问之广博在一定程度上已超过其师颜元。但是李塨“志欲行道”，所至必宣传颜元学说，他说：“窃不自揣，志欲行道，如不能行，则继往开来，责难谢焉……”（《恕谷先生年谱》卷三）

当时一些著名学者十分推重李塨，同时他也受到朝廷公卿大臣们的重视。李塨与公卿纳交，论学辩道，为的是弘扬师说，他从不慕权贵，阿附取容。他名倾朝野，颜元学说至是“发扬震动于时”（《望溪先生文集》卷十三《刁赠君墓表》）。

颜李学派的主要思想特征大致有以下几个方面：

一是，批评宋明理学的空疏，崇尚实学。颜元提出，程朱是与孔孟对立的，所以“必破一分程朱，始入一分孔孟”。他认为儒学的真谛在于“申明尧、舜、周、孔三事、六府、六德、六行、六艺之道，大旨明道不在诗书章句，学不在颖悟诵读，而在期如孔门博文约礼，身实学之，身实习之，终身不解者”（《存学编》卷一）。所谓“六府”，即水、火、金、木、土、谷；“六德”，即智、信、圣、仁、义、忠；“六行”，即孝、友、睦、姻、任、恤；“六艺”，即礼、乐、射、御、书、数。李塨继承了颜元的这一思想，批评宋明儒者专为“无用”之学，认为学术研究的目的是有益于世道，倡导亲身习行践履。他与颜元一样，强调学者要能干济实事，有用于世，致力于“礼乐兵农之学，水火工虞之业”。

二是，反对宋明理学家所说的“天命之性”和“气质之性”，盛赞孟子的“性善论”。颜元认为，天下没有“无理之气”，也没有“无气之理”。他认为只有气质之性，才是人性，他赞同孟子确定人性本善是有功于万世，强调理、气、性、形不二，指出人的恶行是由后天的“引蔽习染”而导致的结果，并提出性、情、才三者相统一的人性论。李塨认为“气外无理”，主张理气不可分，提出“理在事中”，还进一步发扬颜元注重实际知识的思想，认为“纸上之阅历多，则世事之阅历少；笔墨之精神多，则经济之精神少。”注重实践，提倡“智以事炼之”。在时政上，反对封建豪强兼并，提出“耕者有其田”的设想。

三是，效法三代，力主复古。颜元主张恢复井田、封建、学校的“王道”政治，又提出以“垦荒、均田、兴水利”七字富天下，以“人皆兵、官皆将”六字强天下，以“举人才、正大经、兴礼乐”九字安天下。李塨强调要“考古证今”，在是否应回到“封建”制问题上，李塨认为“惟封建以为不必复古。因封建之旧而封建，无变乱；今因郡县之旧而封建，启纷扰”（《存治编·书后》），这就是说，当时改郡县为封建是一种“复古”，它将给社会带来不安定的因素。

颜李学派主要代表著作有颜元的《四存编》《朱子语类评》《四书正误》《习斋记余》，钟錂所辑《颜习斋先生言行录》，李塨的《恕谷文集》，王源的《居业堂文集》等。

“颜李学派”，标帜“实学”，主张“实文、实行、实体、实用”，使“燕赵慷慨悲歌之古风为世所再见，北学与南学又成鼎足之势”，近代由于梁启超、徐世昌等人的提倡，颜李学说一度成为显学。章太炎曾评价：“叔世有大儒二人，一曰颜元，再曰戴震。颜氏明三物出于司徒之官，举必循礼，与荀卿相似。”

大约康熙末、雍正初的一二十年间，颜李学说在社会上产生了相当的影响。当时清初诸大儒如孙奇逢、陆世仪、陈确、顾炎武、傅山、王夫之、黄宗羲、费密已相继谢世，颜元此时也已作古，而李已成为学术界所瞩目的人物。万斯同说：“李先生续周孔正学，非我所及。”

清朝同治年间，曾国藩幕府中的戴望广求颜李遗著，于1869年撰成《颜氏学记》十卷。此后30年中间，一些改良派思想家痛感国家政治腐败，受制于外夷。主张变法自强，他们需要一种沟通中西学术的理论，颜李之学正好适应其选。正如刘师培所说：“近世以来，中土士庶惕于强权，并震于泰西科学，以为颜氏施教，旁及水火工虞，略近西洋之致用，而贵兵之论又足矫法弱之风，乃尊崇其术，以为可见施行。”（申叔，《非六子论》，《中国哲学》第1辑，三联书店，1979年）

推崇颜李学说的改良派思想家有陈虬、宋恕、梁启超等人。梁启超主讲湖南时务学堂时，对颜李学派甚为崇拜。他流亡日本期间，将颜李之学传进了日本。而后，他著《中国近三百年学术史》，对颜李学派给予极为热情的颂扬："有清一代学术，……其间有人焉，举朱陆汉宋诸派所凭借者一切摧陷廓清之，对于二千年来思想界为极猛烈极诚挚的大革命运动，其所树旗帜曰'复古'，而其精神纯为现代的。其人为谁？曰颜习斋及其门人李恕谷。"并且还专门写《颜李学派与现代教育思潮》一文，详加介绍评点。改良派推崇颜李学派是因为他们的思想有相通之处，即都主张在维护皇权的前提下进行社会改革，使社会朝着征实致用的方向发展，由于梁启超等人不遗余力地表彰弘扬，颜李之学在当时社会上产生了极大的反响。

20世纪初，徐世昌以大总统的身份提倡颜李之学，倡组四存学会，成立四存中学校，编辑《四存月刊》，征求颜李遗著，并将颜李从祀孔庙，一时间颜李之学风靡海内。徐世昌尊颜李学实际上是尊孔孟的变相形式，这是因为，在四存学会成立的前一年，1919年，爆发了举世闻名的"五四"新文化运动，提出了"打倒孔家店"的口号，使旧的封建文化思想和伦理道德受到极大冲击。这时要直接提出尊孔孟以号召天下就不那么灵了，尤其是孔孟崇道贱艺的思想更不合乎当时的国情。这样徐世昌便利用颜李学派在当时的影响来维系"世道人心"，企图以此阻遏新思想的发展。

五四运动前后，颜李之学对于社会的影响，主要有两个方面：一是其重"致用"的精神，二是其尊孔孟的思想。徐世昌内心里强调的是尊孔孟的思想，而当时一些爱国知识分子则强调颜李重"致用"的思想，试图以颜李之学转变社会惰弱习气，振兴中华，抵御列强。青年毛泽东曾经受到颜李之学的影响，他在1917年著《体育之研究》，对于颜李的"文而兼武"深表敬佩，文中提倡"习动"，极斥理学习静功夫，其说与颜李相通。郭沫若对颜李学说有很高评价，并著有《颜习斋与李恕古》一书。

十四、定瓷烧制和曲阳石雕技艺为何被列入国家级非物质文化遗产？

（一）定瓷为何名列北宋五大名窑？

定瓷即定州窑陶瓷，产地在今河北曲阳，古属定州，故名"定窑"。定窑烧制始于唐，兴于北宋，失于元，是我国北方大地上繁衍几代而影响深远的一个著名窑系，同当时的汝、钧、官、哥窑一起，号称我国宋代五大名窑。定窑虽原为民窑，但北宋后期曾一度烧造宫廷用瓷，因此影响较大，其后各地纷纷仿制，有“土定”“新定”“北定”“南定”“粉定”等仿器。

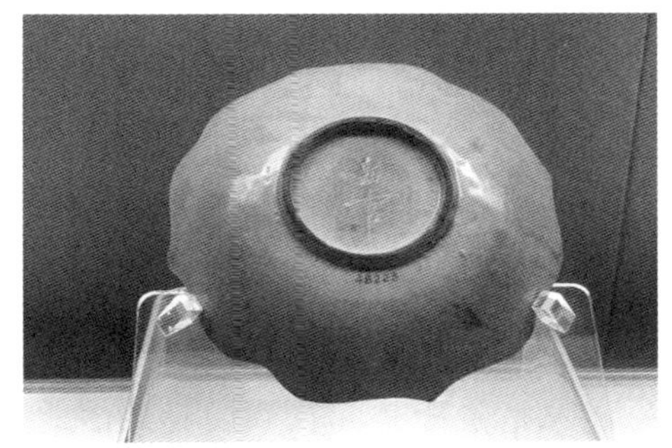

定瓷

定窑瓷器，若从窑址发现遗物来看，始烧年代可以追溯到南北朝时期，最晚到明宣德年间，定窑仍有生产。定窑的发展过程，大致分为六个阶段，第一阶段是南北朝到唐代早期，这阶段定窑的主要产品是北方青瓷，到了这一阶段末期，黄釉粗灰胎瓷成为主流。第二阶段是唐代中期，这一阶段，定窑出现粗白瓷，烧造方法出现支烧，器形以饼足尖唇碗居多，胎色灰白，多施化妆土。第三阶段是唐代晚期到北宋早期，这一阶段是定窑白瓷的成熟期，这一阶段定窑出现大量的细白瓷，胎骨洁白细腻坚致，器形开始多样化，器壁变薄，匣钵垫烧为主流生产方式，烧造气氛多以还原焰为主，故釉色白中泛青，从瓷质角度来看，这一时期的定瓷的质量最高。第四阶段是北宋中期到北宋晚期，是定窑的全面发展期，这一时期定窑出现刻划花装饰手法并成为主流，定窑成为宋代五大名窑之一，这一时期提高生产效率的覆烧法出现，并大规模应用，但是瓷质、火温较前期有所下降，烧成气氛多为氧化焰，故釉色白中泛黄，这一时期定窑的色釉瓷器继续发展，酱色釉和黑色釉白瓷继续生产，数量较之前增多。第五阶段是北宋晚期到金代，这一时期定窑高质量瓷土趋于枯竭，瓷质进一步下降，覆烧法继续

定瓷

定瓷

沿用，但是也出现了涩圈垫烧的新方法，这一时期借鉴于定州缂丝艺术的印花法广泛应用，并取代了之前刻划花的主流地位，同时因为白瓷土的枯竭，定窑出现了一些施加化妆土的剔花作品，应归为磁州窑系。第六阶段是元代到明早期，这一时期是定窑的衰落期，细白瓷基本已经不见，多是粗瓷。

定窑是继邢窑而起的白瓷窑场。以产白瓷著称，兼烧黑釉、酱釉和釉瓷，文献分别称其为“黑定”“紫定”和“绿定”。器型在唐代以碗为主，宋代则以碗、盘、瓶、碟、盒和枕为多，亦产净瓶和海螺等佛前供器，胎薄而轻，质坚硬，色洁白，不太透明。定窑由上迭压复烧，口沿多不施釉，称为“芒口”，这是定窑产品的特征之一。定窑瓷器以其丰富多彩的纹样装饰而深受人们的喜爱。装饰技法以白釉印花、白釉刻花和白釉划花为主，还有白釉剔花和金彩描花。印花以花卉为主，主要有莲、菊、萱草、牡丹等，也有鸳鸯、龙凤、狮子等动物图案，画面严谨，讲究对称，工整素雅的白釉印花定器历来被视为陶瓷艺术中的珍品。北宋早期定窑刻花、构图、纹样简洁，以重莲瓣纹居多，装饰有浅浮雕之美。北宋中晚期刻花装饰精美绝伦，独具一格。用单齿或双齿梳篦状工具，刻划出由深浅不一的主线与辅线相衬构成的物象，生动自然，具有较强的立体感，装饰题材以花果、莲鸭、禽鸟、浮鸟、云龙等为主。宋、金时小瓷枕广为流行，有最简单的长方形，亦有动物造型的，如虎形枕，及状似如意云状，取其吉祥意的如意枕，婴儿枕为其中造型较为繁复者。

从定窑的兴衰过程我们可以看到，定窑细白瓷的产生，至少有如下影响：第一，唐代形成的南青北白的瓷器生产格局，在北方的成熟白瓷生产中心由邢窑转移到定窑，定窑稳定的不加化妆土的生产技术，奠定了之后青白瓷乃至青花等彩瓷的发展基础。第二，首创了覆烧法技术，大大提高了瓷器生产效率。第三，定窑极高的艺术成就一方面反映出唐宋时期瓷器制造业的全国瓷窑之间的技艺交流，一方面形成了一个庞大的定窑窑系，成为我国历史上最大最著名的白瓷体系。定窑烧造延续时间之长，在五大名窑中居于首位，各个时期的定瓷反映了历史上人们的审美观念的变化，同时还反映了北方民族融合甚至是中国和外国之间的文化交流。

定瓷是中国传统制瓷工艺中的珍品。定瓷中的黑定、紫定历来为收藏家推崇备至，明代曹昭认为“有紫定色紫，有黑定色黑如漆，土俱白，其价高于白定”。由于定瓷精品的稀有，自明代起定瓷精品就是众多收藏家追寻的重要目标。在国际上，定瓷同样具有极高的收藏地位。在大英博物馆、巴黎国立亚洲美术馆、旧金山亚洲美术馆等，定瓷均被作为古老东方艺术珍品收藏。在日本，一件收藏于东京国立博物馆的宋代定窑紫釉描金碗被视为稀世珍宝。

（二）定窑遗址的发现、发掘告诉我们什么？

几百年来，人们对定窑窑址的确切情况一无所知。时间进入 20 世纪初，销声匿迹了 700 年的定窑，再次引起世人的探寻兴趣。

20 世纪 30 年代初，中国陶瓷界的泰斗人物、国立北平大学教授叶麟趾先生（即叶赫那拉•麟趾，我国著名陶瓷学家、清华大学教授叶喆民先生之父）到曲阳进行考察，无意中发现了曲阳的定窑遗址，于 1934 年出版了《古今中外陶瓷汇编》一书，对外公布了中国历史上各个瓷窑的名称、位置、瓷品和典型特征等资料，叶老在书中还特别详细地记录了自己对定窑窑址的考察和研究情况。《古今中外陶瓷汇编》已经成为后来寻找定窑、研究定窑所必读的最重要的经典之作。此后，曲阳便开始引起了全世界的关注，中外古陶瓷学者蜂拥而至，进行实地考察。在众多的中外探寻者中，最值得一提的是日本陶瓷学家小山富士夫，他于 1941 年来到曲阳考察定窑，取得重大收获，写了大量的考察资料和文章。其中，小山富士夫在日本《陶瓷》杂志发表的文章《关于定窑窑址的发现》中这样写道：“关于定窑窑址，像晴天霹雳一样使我感到震惊的是，叶麟趾所著《古今中外陶瓷汇编》中的一段记载。这本著作是仅有五十余页的小册，然而在最近刊行的颇有崭新的具体意见的陶瓷书籍中，却是最使我敬佩的作品之一。”叶麟趾先生在《古今中外陶瓷汇编》中虽然确指了定窑在曲阳县内的大致方位，但没有明确找出核心窑址的具体位置，亦没有探寻挖掘。新中国成立后不久，北京故宫博物院曾三次派人到曲阳县调查，实地证实曲阳县灵山镇的涧磁村及东西燕川村为北宋定窑遗址。

1960年至1962年，河北省文物工作队开始对涧磁村定窑遗址进行试掘，定窑遗址终于被找到。瓷片堆东一个西一个地散布在涧磁村的东西北三面，碎片的数量极其惊人，足可见当时定窑的空前规模和生产盛况。随后，考古队员们进行第一次试掘，成果颇为惊人：地层中包含晚唐、五代、北宋时期的文化堆积，晚唐灰坑5座，五代窑炉1座，北宋残墙两堵和瓷泥槽2处，上自晚唐、下迄金元遗物251件。从此片堆积物来看，多数是北宋时期的瓷片，金、元尤其元代的瓷片堆很少，这充分说明了定窑规模宏大时期在北宋朝，而到金国、元朝时，其烧制规模有一个断崖式的下降或萎缩，足见金人入侵对定窑造成的破坏多么巨大！

1985年，河北省考古工作者对定窑进行了最大规模发掘。此次发掘面积近2000平方米，燕川村、涧磁村等7个地点的发掘工作同时进行，收获巨大，窑炉、料场、水井、沟、灶、灰坑等遗迹和大量瓷器、窑具及钱币、铜、铁、石、骨器具相继出土，仅瓷片就有30万片。非常珍贵的器物如白釉卧女枕、尚药局瓷盒更是引起了专家们的关注，也轰动了世界。1988年定窑被确认为全国重点文物保护单位。

2009年9—12月，河北省文物研究所、北京大学考古文博学院、曲阳县定窑遗址文物保管所在秦大树的带领下对定窑遗址进行了主动性的考古发掘。此次考古发掘是新中国成立后国家文物部门对定窑遗址的第三次发掘。定窑遗址位于河北省曲阳县涧磁村、北镇村及野北村、燕川村一带，其中涧磁、北镇窑区保存最好、规模最大，总面积约117万平方米。考古队在涧磁岭、北镇、涧磁西及燕川四个地点布方发掘，发掘总面积776平方米，清理各类遗迹94处，其中窑炉11座、作坊12座、房基3座，灰坑45个、灶7座、墓葬2座、沟6条、界墙8道，出土了数以吨计的各时期的瓷器和窑具，其中完整或可复原标本数千件（钟明，《定窑遗址考古发掘工作结束 创烧年代不早于中唐》，中国网，2009年12月16日）。

本次发掘，发现并清理了从中晚唐到元代各个时期的地层；大体可以判定定窑的始、终烧时间；清理了一批重要的遗迹，包括2座保存较完好的五代窑炉、1座宋代窑炉、3座金代窑炉；出土了一批代表定窑各时期贡御情况的重要遗物，如五代、宋初地层中的“官”字款器物，北宋地层中的带“尚食局”“尚药局”“乔位”款和装饰龙纹的器物，其中还有一些仿古代青铜礼器造型的器物和精美的瓷塑制品；金国地层中的“尚食局”“东宫”款碗盘等，都为我们研究定窑贡御瓷器的特征及历史提供了实物资料。

定窑是明清时期所谓的宋代五大名窑之一，与汝、官、哥、钧诸窑齐名于世。定窑以其精湛的印花白瓷和首创的覆烧工艺，在中国陶瓷发展史上占有重要的地位。20 世纪 50 年代以来，陶瓷和考古工作者曾多次对定窑遗址进行调查和发掘，但遗憾的是迄今未见出版考古报告。2009 年 9—12 月的这次主动考古发掘，学术目的性强，选点审慎准确，并注重运用新的理念和方法，取得了一批全新而丰富的实物资料，是近年来陶瓷考古的又一重大发现（孙华，《曲阳涧西区出土定窑瓷器整理与研究》，河北大学硕士论文，2017 年）。

其一，发现的遗迹丰富，窑炉保存完整。这次清理的 11 座窑炉中有保存较好的五代窑炉 2 座、宋代窑炉 1 座和金代窑炉 3 座，均具有通风道长、火膛较深、烟囱宽大等特征，是深入探讨定窑窑炉结构和烧成工艺的重要材料。

其二，地层堆积丰富，有助于确定烧制年代。这次清理的文化层不仅分属于过去已知的五代、北宋和金代，还出土了一批中晚唐和元代遗物，尤其是地层中出土的一些纪年材料，为确定定窑的始烧和衰落年代提供了依据。

其三，出土的带款器物，展现了定窑贡御史。这次出土的瓷器标本达数千件，有不少属于贡御的定窑精品。五代、宋初地层中的“官”字款白瓷，与河南巩义宋太宗元德李后陵随葬的同类器物完全相同。北宋地层中的“尚食局”“尚药局“款和龙纹装饰瓷器，显然是贡御之物，为史料中“瓷器库在建隆坊，掌受明、越、饶州、定州、青州白瓷器及漆器以给用，以京朝官三班内侍二人监库”的定州白瓷器找到了产地。

（三）定窑烧制技艺的传承情况如何？

在元、明、清时期，世人学习定窑技术、收藏定窑珍品、盛赞定窑功绩，虽说定窑已经消失但灵魂一直驻留于中华民族的文化血脉中。尽管经历了斗转星移、沧桑岁月的洗涤，并未抹去人们对定窑的记忆。

20 世纪 70 年代以来，在周恩来同志的亲自关怀下，失传千年的定瓷开始走向新生。1972 年，日本首相田中角荣访华，在与国家领导人商谈国事之余问到了定瓷的情况，从此加速了定瓷的恢复与发掘，在周恩来同志的关怀下，定瓷走上了复兴之路。1976 年，保定地区工艺美术定瓷厂、曲阳县定窑瓷厂在政府支持下先后建立落成；1978 年，保定地区工艺美术定瓷厂组建了定瓷实验小组，如今的定窑三杰（陈文增、蔺占献、和焕）都是其早期成员，他们分工明确，陈文增、和焕主攻定窑装饰、造型，蔺占献研究原料配比。随着定瓷实验组反复的实验，经过多年的仿制，定瓷一经面世就取得了不俗的成绩——陈文增等创作的定瓷作品于 1984 年参加香港举办的“河北艺术陶瓷展”吸引了业内外广泛的关注，并被有关媒体赞誉“定瓷的艺术风格比宋代有过之而无不及”；1985—1987 年，由于生产情况不好，虽然工艺美术定瓷厂历经了两次改产，但仍然倒闭了，当时从事定瓷事业的很多人纷纷放弃并远离了这门传统技艺，但也有一些人坚守了下来，如陈文增、蔺占献等，他们于 1988 年在灵山山沟成立了河北省工艺美术定瓷厂，并于 1992 年在以中国工艺美术大师、国家级非物质文化遗产传承人陈文增为核心的带领下创办了河北省曲阳定瓷有限公司，一直继续着对定瓷艺术的挖掘研究与创新发展，发扬“定瓷三杰”（陈文增、蔺占献、和焕）的艰苦创业精神，历 40 年风雨坎坷，终使中断 800 余年的定窑技艺重现，且发展了定窑生产绝技。由陈文增创建，以庞永辉为代表的陈氏定瓷，开始把定窑传统文化带入新的发展阶段。

从 20 世纪 80 年代末开始，随着对传统定瓷在继承基础上的一步步创新，定瓷艺术也被注入了新的活力，在曲阳当地定瓷厂不断改制与发展的同时，一些烧造定瓷的家庭作坊及定瓷企业相继出现。

2008 年，“定瓷烧制技艺”项目入选国家级非物质文化遗产名录。现定瓷从业人员有 2000 余人，实现了传统工艺向当代艺术瓷、生活用瓷并行发展的转变。2018 年 5 月，“定瓷烧制技艺”入选第一批国家传统工艺振兴目录，定瓷的发展又上了一个新的台阶。

（四）曲阳石雕在中国石雕流派中是什么地位？

曲阳石雕，河北省曲阳县民间传统工艺美术，国家级非物质文化遗产之一。曲阳石雕是河北省曲阳县民间艺术的一项重要组成内容，自西汉始，曲阳石工即用大理石雕刻碑碣等物。曲阳石雕材质有大理石、玉石到木质、象牙、青铜、不锈钢等，其雕刻技艺有圆雕、透雕、镂雕、浮雕等造型门类，技法不一而足。曲阳石雕题材广泛，主要有现代人物雕像、园林雕塑和家庭装饰等。2006 年 5 月 20 日，曲阳石雕经中华人民共和国国务院批准列入第一批国家级非物质文化遗产名录，遗产编号为Ⅶ -34。2019 年 11 月，《国家级非物质文化遗产代表性项目保护单位名单》公布，曲阳县文化馆（曲阳县图书馆）获得“曲阳石雕”保护单位资格。

曲阳石雕（张敬桃摄）

曲阳石雕技术流传千年，历史悠久，在世界上独树一帜。曲阳有着得天独厚的优势，在曲阳境内有一座汉白玉著名产地——黄山，山脚下的西羊平村，就是元代雕刻大师杨琼的故乡，再加上几千年的雕刻技术，使曲阳县成为我国“雕刻之乡”“石雕之乡”。随着石雕技术成熟发展，其工艺更加完美，造型更加多样，让曲阳石雕占据着广大的市场，排在全国前列。在中国，以汉白玉为雕刻原料的，当以曲阳工匠最为有名。其实，除了曲阳，盛产汉白玉的还有北京、四川、湖南等地。虽然南方的福建惠安，也是中国一个著名石雕产业中心，但是只要一说起汉白玉石雕，业内都会公认曲阳石雕的地位。两千年以来，历经魏晋隋唐宋代的宗教艺术雕刻，从元代开始，曲阳石雕开始大规模参与皇家宫殿的建设，从元大都的兴建，明清皇城的营造，到新中国成立后首都重要建筑，甚至“文革”期间领袖像的雕刻，都有曲阳工匠的心血。值得一提的是，民国初期的 1915 年，曲阳石雕迎来一次在世界舞台亮相的机会。这一年在巴拿马万国博览会上，曲阳县选送的石雕作品荣获银奖。这个奖项也是唯一一项由石雕艺术品获得的世界级最高奖。自此，“天下咸称曲阳石雕”，“曲阳石雕”得以在世界范围内传播。中华人民共和国成立后，曲阳石雕艺人先后参加了天安门重修、人民英雄纪念碑、人民大会堂、金水桥、赵州桥、卢沟桥等北京十大建筑工程和毛主席纪念堂兴建工程的雕刻工作。

曲阳石雕（甄丛达摄）

从汉代张良之师黄石公著下《雕刻天书》，元代杨琼修建元大都，曲阳人问鼎国际大奖，再到甄彦苍开创西洋雕刻，曲阳石雕艺人在一块块石头上反复锤炼，涌现出了全国数量最多的工艺美术大师，其中包括国家级雕刻工艺美术大师3名，省级雕刻大师100多名，此外还有数以万计的市、县级雕刻技师。一个地区集中出现这么多大师，堪称艺术史上的奇迹。

（五）曲阳石雕由传统技艺向现代文化产业转型路在何方?

如何在当前经济迅速转型、科技日新月异、社会发展大潮迅猛向前的形势下，依托现有优势，扬长避短，提速发展，突破石雕艺术与产业的发展瓶颈，成为热爱、关心曲阳石雕乃至中国石雕艺术的每一个人心头的夙愿。

随着社会的发展与科技的进步，传统的曲阳手工雕刻技艺不断受到冲击，开料、手工刨荒、工具制作、手工锤钎等技法已近失传，模型也不再制作。此外，为了适应市场的需求，雕刻材质和雕刻类型受到影响，佛像制作越来越少，这对传统曲阳石雕技艺的保留与传承也造成了不少损害。同时，由于缺乏相对完备的管理体系，如今石雕产品的质量很难把握，形成了“价钱决定质量”的现象，存在以次充好的现象。尽管曲阳石雕在中国延续了2000多年，但始终鲜有文化人、知识分子的参与。与诗书琴画等传统艺术相比，作为民间艺术存在的石雕，它更具草根性，在中国传统文化中往往被视为手工匠人的营生，从“匠”到“道”，其中的鸿沟似乎很难跨越。可以说，曲阳石雕是一种被严重低估甚至忽视的民间工艺（路卫兵、刘向阳，《曲阳石雕：中国深度融入世界的标志技艺》，《中国国家地理》，2015年第6期）。

在艺术圈内，创新早已不是个新名词。而对于曲阳石雕来说，却并不是一个过期的话题。当前，曲阳石雕正面临着新的发展机遇和挑战，虽然曲阳雕刻古往今来，曾有过无数光荣与辉煌，但在目前市场经济大发展潮流的推动下，由于相应管理体制尚未健全，也不难发现行业中存在的问题，如产品缺乏创新、题材守旧、内容形式单调、艺术品位平庸，甚至粗制滥造、假冒伪劣等，这些问题严重影响了曲阳雕刻档次的提高和发展。可以说，目前曲阳雕塑行业正处于一个转型期，主要表现在以下几个方面：雕塑艺术由模仿向创新转变；雕塑作品由制作向创作转变；雕塑企业家由追求经济效益向追求艺术价值和社会价值转变；雕塑企业发展模式由分散性经营向集团化转变；雕塑艺术从业人员由工匠向艺术家转变。正像蛹经蜕变而成蝶，虽然蜕变的过程有喜悦，有迷惘，也有痛苦，然而蜕变是一种抉择、一种进步，更是一种升华……在这种情况下，如何创新成为曲阳石雕进行自我救赎的关键。

曲阳石雕的创新应当表现在以下几个方面：

思路创新，就是要走出墨守成规、千人一面的旧圈子，求新求变。近些年来，为适应工艺美术产业发展，河北省工艺美术教育得到了较大发展。很多高等学校开设雕塑、工艺品设计与制作、艺术设计、产品造型设计、视觉传达艺术设计、雕塑艺术设计、工业设计等美术类专业，为曲阳石雕产业发展培养了大批高级专门人才和技能人才。同时，为便于更多从业人员得到集中学习与提高，邀请知名专家学者来曲阳当地举办培训班和高级研修班，并积极跟国内外交流，广泛借鉴国内外优秀石雕艺术，开阔视野。举办、参与一系列国际性石雕大赛，让古老的曲阳石雕有与国外切磋、融合的机会，促进曲阳石雕从业者审美水准的提高，激发创作意识，从原来的技工、技师身份，进入到以创作为主的艺术家行列。开展石雕行业的学历教育和职业资格技能等级认证工作、建设石雕创作人才培养培训基地，打造石雕美术职业经理人与经纪人队伍，继续提高石雕创作人员素质与审美标准，扩展石雕创作人员创作胸怀，使他们由简单模仿到深度创作，甚至由创作到自由创意，将是曲阳石雕从精神层面上改进与提高的一个重要因素。

艺术与科学的完美融合，应当是嫁接曲阳石雕产业的创新之源。当前许多新科技、新工艺因素，完全可以充分运用到曲阳石雕制作上。对于新材料的选择，也将是曲阳石雕面貌改观的重要内容，如一些新型科技合成石、烧结砖、彩砖等。这方面，可以多建一些石雕行业技术中心、研发中心，鼓励大型石雕企业设立技术中心和研究所，支持石雕工艺美术大师设立创作工作室，引入计算机辅助设计等先进设计方法，运用新技术、新工艺、新材料、新设备创新石雕艺术品，集中力量突破石雕艺术产业发展的关键技术环节和瓶颈。同时，鼓励校企联合创建开发基地，把一些科技研究所、院校作为石雕技术来源和智力支撑，聘请科技行业内的著名教授、专家作为石雕制作的技术顾问，指导企业进行创新制作；而这些科技所、院校则将石雕加工制作企业作为技术研发、创新、试验和学生培养的基地，共同开发石雕新产品、新工艺、新技术，形成以企业为主体、市场为导向、产学研相结合的石雕制作新体系。

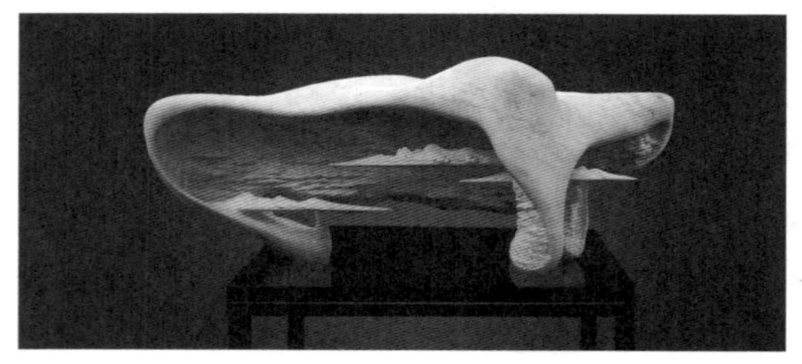
曲阳石雕（张敬桃摄）

传统曲阳石雕类型较多：艺术品类、工艺礼品摆件类、生活实用品类、园林城市雕塑类、建筑雕刻类、墓地碑石类；产品题材丰富：东西方文化雕塑、写真人物、动物类、变形抽象类以及神像、佛像、菩萨观音、金刚力士、天女等古典宗教类等；瑞兽类想象丰富：龙、凤、狮、麒麟；日用室内装饰类繁多：壁炉、壁盆、天花藻井；室外园林类：喷泉、亭、台、楼阁、桥等。但认真研究可以发现，其中的许多题材已经与当代生活没有直接的联系，而且经过师父带徒弟式的传承方式，形成了千篇一律、千稿一面的固定程式，这些陋习严重制约了曲阳石雕艺术的发展。随着时代的发展，人、事、物也都在发生着变化，固定的表现形式和内容已不足以表现当今社会的人与物，这就需要创造新的内容与题材来表现。在这样的背景下，曲阳石雕必须在继承传统技艺、开拓新题材、表现新时代精神，开始求新、求特、求奇的新征程，掀起

曲阳石雕（张敬桃摄）

创新思潮，进行对题材陈旧的自我突破。

旧时的家庭作坊式的分散性经营，已经被证明了是制约曲阳石雕发展的桎梏之一。新时代的今天，调整优化曲阳石雕艺术专业结构，培育曲阳石雕艺术的创意产品市场环境，加强石雕产业集群、特色系统经营已成为曲阳石雕整体发展的一个关键程式。具体可采取以重组、整合、租赁、股份合作、小额贷款等多种方式，将闲散的石雕艺人、技术人员组织起来，扩大石雕工艺品的生产。按照适当集中、形成规模、体现特色的集约化要求，加快建设一批石雕产业集群，提高产业集中度，提升产业层次，形成具有鲜明特色的产业结构，推动产业集群式发展；同时，发挥石雕艺术产品特色优势和地域集群效应，形成一些相对集中的石雕艺术产区，进一步加强曲阳石雕的影响力、辐射力，提升曲阳整体文化艺术产业的经济板块效应，将是曲阳石雕艺术进行现代化、集约式运营转型的必要途径。同时，还要推进石雕艺术市场化进程，提高石雕产业服务能力、服务质量和服务水平。建立和完善石雕艺术资产评估、信息咨询、经纪人、鉴定、仲裁、拍卖、公证、知识产权代理等市场中介服务机构，建立健全石雕产品认定，加大曲阳石雕艺术有关商标、专利、版权、商业秘密保护等，营造曲阳石雕艺术发展的良好消费环境。

万物恒变，生息不止，曲阳石雕艺术有所发展，必须要做到与时俱进，不断创新。每个时代的创新都将成为另一个时代的传统。所谓“新”是针对传统而言的，不否定某些旧的传统，“新”是不存在的。正是由于否定了传统中的某些东西，才能称之为“创新”。创新本来就是针对传统而提出来的一个相对概念，这种创新的本身必然会与传统有着内在的联系。正是因为否定了传统中的某些东西，才能称之为创新。其实，曲阳雕塑艺术自古以来就一直具有并遵循创新这个传统的，2000多年的曲阳石雕史就是一个最佳的说明。在当代，谈曲阳石雕的创新，不是“洋化”，不是“贪大”，不是“搞怪”，更不是“弄玄”，而是在尊重石雕艺术自身规律的基础上，把握时代脉搏，调整文化和功能定位，结合城市地域、人文历史等特点，以新的艺术思维，建立起新的艺术体系，不断完善，不断演化，才能铸就适合当代曲阳石雕自身发展的“麦加”，让曲阳石雕作品真正成为每个城市里的画龙点睛之笔，留下众口称赞的传世佳作。

十五、为什么莲池书院被赞誉为清末全国书院之冠？

（一）是谁赞誉莲池书院为全国书院之冠？

历史伟人毛泽东曾两次莅临莲花池公园。

第一次是1918年10月6日，毛泽东与蔡和森、箫子升一起到保定，迎接由陈绍休等带领的第二批准备赴法的30多位湖南青年。7日下午，在莲花池公园，毛泽东同已在育德中学留法高等工艺预备班学习的张昆弟等聚会，并和大家合影留念。[1]

1952年11月22日，毛泽东视察古莲花池时说："莲池之所以有名，关键是莲池书院有名，莲池书院在清末可称为全国书院之冠。"（柴汝新，《莲池书院——科举教育史上的一朵奇葩》，《新阅读》，2019年第3期）

（二）莲池书院创办于何时？

莲池书院，又称"直隶书院"，雍正十一年（1733年），由时任直隶总督李卫奉旨创办，随后逐渐发展成为中国北方最高学府。直到1903年停办，先后存在长达170年之久。

（三）莲池书院为何闻名于全国？

自古以来，作为"关山带河，联络表里，控扼燕蓟，四达之冲"的古城保定，留下了不少值得考究的历史文化遗产，古莲花池与莲池书院便是其中之一。直隶为畿辅"首善"之地，莲池书院作为一省最高学府，自开办伊始就得到了封建统治者的高度重视。历任总督常来巡视，加之学者名流荟萃，清廷对它更是"恩隆优渥"。[2]

鼎盛时期的莲池书院与湖南岳麓书院南北交相辉映。汪师韩、章学诚、黄彭年、何秋涛、王振纲、张裕钊、吴汝纶等众多学冠天下的宗师大家，王

[1] 文热心，《毛泽东曾获数万出国留学的资助 为什么却不愿意去？》，人民网，2015年7月14日。

[2] 善本古籍，《保定莲池书院——清代书院之冠》，搜狐网，2018年5月22日。

发桂、胡景桂、王树彤、孟庆荣、傅增湘、冯国璋等一大批彪炳后世的高徒学子，精彩演绎了莲池的历史辉煌；我国最后一个科举状元刘春霖也出自莲池书院。乾隆皇帝曾三次亲临莲池书院，视察学生们的课业学习情况，并题诗赠直隶总督：“直省督勤书院规，保阳独此号莲池。风开首善为倡率，文运方当春午时。”多次赐匾题诗勉励书院师生，大力褒扬他们创办书院卓见成效。莲池书院一时间名满天下，莲池书院以大儒硕学为师，成为“京南第一学府”。莲池书院于清代末期开设“古学”，并开设了西文（英语）、东文（日语）学堂，招收外籍留学生，聘请外籍教师等。不少日本人来此留学攻读汉学。张裕钊与日本留学生宫岛大八的师徒之情同样是书院一大亮点。师徒相伴共8年时间，直到1894年张裕钊辞世。8年间，宫岛大八随其学经学、训诂、书法，日夜相随笔墨之间，除了古文儒学受益匪浅，还得张裕钊碑学派书法真传，回到日本后继续潜心研习，成为日本书法界大家，且自成流派。不仅如此，宫岛大八还在家中开设私塾教中文，传播中国传统文化，弘扬国学，其著作《急就篇》是战前日本中国语教育的经典。至20世纪80年代中期，日本仍有莲池书院学会会员2万多人。

古莲花池公园（佟忠生摄）

由于都是名师讲学，加上统治者的重视，莲池书院的学生在清政府举办的科举考试中成绩优异，使书院声播四方，吸引着四方贤隽，担簦负笈受业门下者趾踵相接，这里成为长达两个世纪的重大政治活动场所和直隶文化教育中心，培养出一批又一批经世致用的杰出人才。莲池书院作为最高文化教育中心，统治者极其重视它，大儒名士无不以任教于莲池书院为荣；古往今来，莘莘学子对它仰慕影从。

（四）莲池书院留存了哪些特色文化瑰宝？

莲池书院当时藏书颇多，万卷楼中最多时曾达到3万余卷，众多藏书对在此修业的学生颇有帮助。据史，在建院之初，雍正皇帝钦赐书院一批书。乾隆时期，两次大规模的全国性赐书活动，使莲池书院得到了许多书。李鸿章在就任直隶总督后，曾三次筹款购书。1900年秋，英、法、德、意四国联军攻陷保定，莲池书院的亭台楼阁几成灰烬，珍贵文物被洗劫一空，余下的2680种书籍保存到直隶省图书馆，保定市图书馆至今尚有部分莲池书院的藏书。

此外，还有《莲池书院法帖》刻石38方，这是一部珍贵的书院“石籍”，其书法格调高逸，技艺超绝，至今保存完好。嘉庆十八年（1813年），满洲贵族和进士出身的那彦成将家中珍藏的真迹旧拓镌刻于石，定名为《莲池书院法帖》，赠给莲池书院，使法帖拓印传播和刻石一直流传至今。莲池书院法帖是历代丛帖囊括六家八种的墨迹。褚遂良《千字文》的清挺丰艳、颜真卿《千福碑》的壮怀激烈、怀素《自叙帖》的龙蛇飞动、米芾《虹县诗》的超逸豪放、赵孟頫《蜀山图歌》的娴静妍美，以及董其昌的《云隐山房题记》、李白的《诗二首》和罗汉赞的《性灵飘逸》。存有《莲花池修建书院增置使馆碑记》《嘉庆赐直隶总督温承惠碑》《莲池书院增修讲舍记》《嘉庆赐直隶布政使方受畴碑》《万卷楼藏书碑记》等。“莲池书院法帖与涿州快雪堂法帖和正定秋碧堂法帖并称为燕赵三大法帖，那两种基本上没有原刻留存下来”。

莲池旧藏中，除了《莲池书院法帖》外，清帝御制碑、御笔碑最多，还有修葺莲池和莲池书院的碑记等，这部分是莲池碑刻的基本藏品。唐易州刺史田公德政之碑刻于740年，被公认为莲池现存碑刻中年代最早、艺术价值最

莲池书院法帖（佟忠生摄）

高的。此碑原存于易县，乾隆时期，直隶总督方观承将其转移至保定。书丹并篆额者苏灵芝被欧阳修誉为唐代写碑手。苏灵芝此碑写得“笔墨婉畅、刚柔相济、结构精严”为人欣赏。《石墨镌华》《授业堂金石跋》《金石萃编》等金石学著作均有记载。《莲花池修建书院增置使馆碑记》《嘉庆赐直隶总督温承惠碑》《莲花池修建书院增置使馆碑记》《嘉庆赐直隶总督温承惠碑》《莲池书院增修讲舍记》《嘉庆赐直隶布政使方受畴碑》《万卷楼藏书碑记》等，莲池碑刻中有康熙、乾隆、嘉庆和道光 4 位清帝的，其中乾隆御制碑最多，有 4 通，都是赐给直隶总督的。园藏石刻中有唐代草圣怀素的《自叙帖》，笔走龙蛇、气势磅礴；颜真卿的《多宝塔》浑厚雄劲；王羲之的墨迹鱼跃龙门、虎卧凤阙；王阳明的《夜宿天池》苍劲有力、潇洒；以及清朝康熙皇帝手笔“龙飞”题字，真可谓墨宝荟萃，墨香飘逸。

莲池内最著名的还有 1962 年在保定北郊发掘出土的两座西夏文刻写的经幢。结构像汉字的西夏文字共有 6000 多字，两座经幢上的文字共有 2000 多个，是有确切年代可考的最晚的西夏文字。在此之前，一般认为由党项族建立的西夏王朝在历史上存在了 190 年，其通用的西夏文只沿用到元朝末年，1345 年刻于居庸关的西夏文经是现存最晚的西夏文，但莲池内这两座建于 1502 年的经幢证明西夏文明时期，在保定仍有党项人的后裔延用，从中我们可以看出，一个民族的生命是何等顽强。

十六、策源于保定的留法勤工俭学代表着一种什么文化？

（一）留法勤工俭学的宗旨是什么？

留法勤工俭学运动源起于辛亥革命前后，至 1919 年五四新文化运动时期达到鼎盛。1919 年年初到 1920 年年底，近 2000 名中国进步青年远赴法国，“勤于做工、俭以求学”，胸怀救国梦的中国青年远渡重洋，一边做工，一边学习新知识、新思想。他们在此研究工人运动、社会主义思潮和马克思主义，并从这里起步，走上革命道路，开始振兴中华的伟大历程。运动的倡导者最初的目的是鼓励指导更多的学生、青年以低廉的费用赴法国留学，培养造就新型人才，归国后以“实业救国”“教育救国”“科学救国”，达到普及教育、改良社会、振兴实业的目的。其中一些勤工俭学生，为了民族独立自由，要“造就一个光明灿烂的新世界，做一个幸福无比的新国民”（李立三诗）。他们在法国与贫困斗争、做工学习、寻求救国救民真理，最终从他们向往的“自由故乡的法兰西海岸”（周恩来诗）归来成为新中国的缔造者、建设者和振兴中华的旗手。（《留法勤工俭学运动：远赴他乡寻求马列主义点燃强国梦想的希望曙光》，中国共产党新闻网，2019年3月26日）

资料显示，自1919年3月第一批学生在上海登船赴法开始，全国范围内逐渐形成了赴法勤工俭学热潮。李石曾与蔡元培等人于1915年6月在巴黎发起成立了“勤工俭学会”，宗旨为“勤于工作，俭以求学，以进劳动者之智识”，这就是“勤工俭学”的由来。

从勤工俭学会成立到勤工俭学发动初期，主要宗旨在“输入西方文明”，其内容主要还是法兰西的民主自由思想和自然科学技术，仍是旧民主主义范畴内的教育救国运动。五四运动后，在各种新思想和“劳工神圣”呼声影响下出现的工读思潮，推动了赴法勤工俭学运动的发展。工读主义思想影响很大，它把劳力与劳心的分离看作是社会不良的根源，因此，主张实行工读结合、人人劳力、人人劳心、劳动互助的新生活，以谋社会的改造，实现没有剥削、没有压迫的自由平等的新社会。但那时勤工俭学运动中工读结合的主张包含了不同的内容。一是以勤工为手段，解决学费问题，以达俭学的目的。二是勤工与俭学都是目的，创“工读并进”的新生活、新社会。三是作为教育方法，主张“工学结合”，互相促进，学用一致，掌握生产知识和技术。四是提倡一种勤俭苦学的学风，进行劳动教育。这些主张都是对半殖民地半封建社会及其教育的批判，对新社会新教育的探索。

（二）留法勤工俭学运动是怎么兴起的?

为“输世界文明于国内”，1912年，李石曾、吴玉章、吴稚晖、张继等在北京发起组织“留法俭学会”。当时任教育总长的蔡元培力赞此事。俭学会在北京成立留法预备学校，送80多人赴法俭学，1914年受袁世凯政府的阻止，被迫停办。以后李石曾等在巴黎华工中试验工余求学，1915年发起组织勤工俭学会，1916年3月，在巴黎成立华工学校，蔡元培等人还亲自讲授课程。

保定育德中学（勤工俭学运动纪念馆提供）

由于华工教育取得成绩，进而提倡国内青年学生赴法勤工俭学。同年3月，蔡元培、吴玉章、李石曾、欧乐、穆岱等为了“发展中法两国之交谊”，促进中国经济文化之发展，在巴黎发起成立了华法教育会。1917年在国内也成立了华法教育会，组织赴法勤工俭学活动，事实上已成为该会的主要活动内容。北京留法预备学校也重新建立，并在长辛店、河北高阳县布里村、保定育德中学及成都先后成立各种各样的预备学校，为赴法勤工俭学运动的发展准备了必要的条件。

（三）保定为何成为留法勤工俭学运动的策源地？

回首百年，当人们透过一个世纪的革命风云，重温留法勤工俭学这段历史的时候，运动的策源地——保定，则成为人们追忆留法勤工俭学历史不可绕开的一页，对留法勤工俭学运动作出了重要贡献。

留法勤工俭学运动从起源来说，与保定关系很深，运动的主要发起人和组织者之一的李煜瀛（字石曾）是保定高阳人，军机大臣李鸿藻的儿子，中国近代著名文化学者、教育家、社会活动家。他是留法勤工俭学运动的主要倡导者、组织者，是多所文化事业机构的创办者，一生致力于中法文化交流事业，为中国文化对外传播作出了很大贡献。1902年，李石曾自费赴法求学，到法国后选修农业专业，并出版了专著《大豆》一书。为了继续研究和推广大豆，他于1908年在巴黎西郊创办“巴黎中国豆腐公司”，最初工人全部来自家乡高阳、蠡县一带。为了提高工人的文化水平和工艺技能，李石曾在豆腐工厂内开办夜校，工人白天做工，晚上学习，经过几年以工俭学的实践，豆腐工厂的工人提出了“勤于工作，俭以求学”的主张，成为“勤工俭学”一词的由来，同时也促成李石曾勤工俭学思想的萌生。

1917 年夏，李石曾在高阳县布里村设立了留法工艺学校。这是国内设立的第一所专门培养留法勤工俭学学生的机构[1]。布里村曾是巴黎中国豆腐公司在华招募和培训工人的基地，且“勤于工作，俭以求学”口号的提出者均是豆腐公司的工人，因此，首先在高阳办预备学校，教者易得其人，学者积极踊跃。学校初创时，校舍设在布里村东北角的一所民宅里，招生对象主要是小学以上文化程度的青年学生。布里村留法工艺学校自 1917 年开办，到 1920 年第三期学生毕业后停办。原留法勤工俭学学生、中国人民解放军总政治部副主任傅钟上将在为留法勤工俭学运动文物史料展题词中写道：“勤工俭学，旨在济世。回首当年，喜怀旧址，布里巴黎，千载情炽。今日挥毫，用以励志！”（王思达，《布里村——“留法勤工俭学”从这里出发》，《农村 农业 农民》，2015 年第 4 期）他将中国的布里村和法国的巴黎城等量齐观，可见布里村留法工艺学校在留法勤工俭学运动中的地位之高。

高阳布里留法学校

与此同时，李石曾和蔡元培到保定育德中学宣传留法勤工俭学，育德中学师生积极响应，时任校长王国光对此事非常热心，立即附设了留法高等工艺预备班，把学校的手工工厂改建成留法班的实习工厂。育德中学留法班招生对象为中学及与中学相当之学校毕业的青年。留法班 1917 秋开始招收第一班学生，学制一年，到 1921 年共招收 4 班，注册学生人数 213 名，其中赴法勤工俭学 127 人。李富春、李维汉、贺果、张昆弟等 70 多名湖南学生在第二班学习，有“湖南班”之称。革命前辈刘少奇曾在第三班学习，但毕业后未赴法，而是转至上海外国语学社补习俄语，后赴莫斯科东方劳动大学学习。随后，主办机构华法教育会在保定城市与乡村分别开办留法预备学校（班）

[1] 白小乐，《续写留法勤工俭学的辉煌》，中国论文网。

成功的基础上，将其经验推广到全国20余所留法预备学校（班）。

保定育德中学（留法勤工俭学运动纪念馆提供）

布里村留法工艺学校和保定育德中学附设留法预备班不仅是全国率先成立的留法勤工俭学预备学校（班），而且教学质量较高，教学设备优良，赴法人数多，对留法勤工俭学事业的贡献最为突出。从保定留法预备学校（班）走出来的留法勤工俭学运动中的积极分子赴法后成为推动留法勤工俭学运动深入发展的中坚力量。他们在法国时的建党思想和建党活动是中国共产党创建时期的重要篇章。还有一些保定籍的留法勤工俭学学生，矢志勤工，学有所成，回国后致力于科技教育事业，为国家经济发展作出了重要贡献，如王书堂、曹清泰、张若名、赵雁来、王达甫、张汉文、夏述虞、李泾堂、齐笏屏、胡达佛等。老一辈无产阶级革命家中，有一大批同志是从参加留法勤工俭学运动开始投身于共产主义事业的，其中不少人为革命壮烈牺牲，有些人后来成为党和国家的杰出领导人，为国家发展富强鞠躬尽瘁，如蔡和森、赵世炎、周恩来、陈毅、聂荣臻、李富春、王若飞、李维汉、邓小平等（杜艾容，《回首百年——留法勤工俭学运动的保定印记》,《党史博采》，2018年第7期）。

（四）留法勤工俭学运动在中国革命中的意义是什么？

留法勤工俭学运动是近代中国历史上一次具有重大而深远影响的留学运动，不仅是中国近现代史上的一个里程碑，也是中国共产党历史上的重要一页。留法勤工俭学运动为中共党史、中国现代革命史增添了光辉绚丽的画面，给后人，特别是给正走在实现中华民族伟大复兴的中国梦征程上奋勇前进的青年一代留下了宝贵的启示。留法勤工俭学运动在蔡和森、赵世炎、周恩来、邓小平等的积极努力下，旅欧党团组织建立和进行了广泛的宣传组织工作，开展了革命斗争，它的性质和内容也发生了相应的变化。五四运动时期的留法勤工俭学运动在中国新民主主义革命和教育发展史上，都是一个具有重要意义的事件。它为中国新民主主义革命事业锻炼和造就了一大批骨干力量。留法勤工俭学运动中的一批先进分子，通过亲身劳动和与旅法华工、法国工人的接触和结合，通过阶级斗争的锻炼，通过学习马克思列宁主义，逐步树立了无产阶级世界观，成为中国新民主主义革命事业和中国共产党的骨干力量。他们在旅欧期间，在勤工俭学生和旅法华工中大力宣传马克思列宁主义，并创立旅欧中国少年共产党，后来改名为旅欧中国共产主义青年团，还建立旅欧国共两党的统一战线，从而促进了中国大革命的迅猛前进。这批先进分子回国后，直接投身于革命事业，为新中国的成立立下汗马功劳，甚至壮烈牺牲。

大多数勤工俭学生怀着寻求真理、改造中国、振兴中华的梦想前往法国。但是"一战"后的法国工厂倒闭、工人失业、物资匮乏、经济萧条，勤工俭学生们到达法国后生活、学习、工作条件都很艰苦。但是他们中大多数依然努力寻工做工、补习法文、学习知识、认识社会。在法国的工厂学校，他们开阔了眼界，学到了很多知识技艺；在与法国工人、学生的相处中，也增进了相互间的了解，留下友谊的印记。留学法国为他们提供了一个难得的舞台：一方面，陌生的社会、经济的困难、劳动的艰苦，使他们对资本主义社会本质有了切身的认识；另一方面他们有了走出国门学习各国革命经验、学习先进文化和科学技术、研究马克思主义的机会，培养了纵观全局的国际视野。这使得他们得以在建党、建军、建国和建设中发挥独特的作用。因此可以说，一百年前的留法勤工俭学运动的重大贡献就是为民族解放、振兴中华造就了众多领域卓越的开拓者和奠基人。

（五）留法勤工俭学代表着什么文化?

留法勤工俭学不仅开阔眼界、增长知识，更激发了革命先辈们的爱国情怀。五四运动前后，中华民族处于内忧外患之中，中国广大青年在帝国主义、封建军阀的压迫下，目睹国势危亡，面临教育遭到摧残，身受失学失业的痛苦。为了寻找救国图强、改造社会的知识和真理，同时受工读思潮的影响，大批青年投入赴法勤工俭学运动。那是一代充满家国情怀的人，始终坚守留学报国的追求和使命，把个人命运与国家命运联系起来，从而在民族发展的历史上取得了巨大成就。大批有志青年特别是贫寒子弟走出国门认识世界，打开了中西融汇的视野。

赴法勤工俭学运动开阔了中国人看世界的眼界，更加坚定了改造旧中国的决心，中国共产党的发起和活动也从赴法勤工俭学运动活跃的地方开展起来，比如长辛店工人夜校的成立、北京共产党小组的建立、早期工人运动的兴起、“北方红星”的形成。赴法勤工俭学运动是中国人走向世界的重要一步，是改变中国的重要一步，这一运动影响了整整一百年的中国历史。

留法勤工俭学运动体现了留法先辈们刻苦奋斗的精神，为我们留下一笔宝贵的精神财富。勤工俭学运动主张工读结合。一是以勤工为手段，解决学费问题，以达俭学的目的。二是勤工与俭学都是目的，创“工读并进”的新生活、新社会。三是作为教育方法，主张“工学结合”，互相促进，学用一致，掌握生产知识和技术。四是提倡一种勤俭苦学的学风，进行劳动教育。

留法勤工俭学运动对中西文化的交流与发展产生了深远的影响。留法勤工俭学学生通过自己的劳动、生活和学习，对法国文化的认识经历了一个由感性到理性的演变过程。他们在吸收法国文化上也走过了一个由浅入深的升华阶段，并产生了独特的具有社会主义色彩的社会理性；同时，他们更努力传播中国文化，在中法文化交流史上写下了不可多得的一页，为中法友谊打好了基础，搭建了桥梁。

睁开眼睛看世界，自省、自救、自强，求知、求索、求路，以开放的心态、开放的思维，争取自我与民族的发展机会，是留法勤工俭学运动的文化主题。

十七、保定军校在中华军事文化传承革新中是什么地位？

（一）保定军校成立的历史背景是什么？

保定陆军军官学校（习称“ 保定军校”）前身为清朝北洋陆军速成武备学堂，是我国历史上第一所正规化高等军事学府。

保定陆军军官学校创建于 1912 年，停办于民国十二年（1923 年）。光绪二十六年（1900 年）八国联军侵入中国，强迫清政府签订了丧权辱国的《辛

保定军校纪念馆（韩智慧摄）

丑条约》，规定清政府不得在天津驻军。驻天津小站的练兵机构——武备学堂，被迫迁到保定。保定军校的前身可以追溯到光绪二十八年（1901 年），直隶总督兼北洋大臣袁世凯在保定东关外创练常备军（新军）并设军政司（旋改督练公所），下设兵备、参谋、教练三处，分别由刘永庆、段祺瑞、冯国璋任总办。经袁世凯奏准，在保定东关外创办北洋行营将弁学堂，由冯国璋任总办（即校长），光绪三十二年（1906 年），改由段祺瑞接任。光绪二十九年（1903 年），北洋行营将弁学堂改名为北洋陆军速成武备学堂，又改称北洋通国陆军学堂、陆军随营学堂。光绪三十三年（1907 年）更名陆军大学堂（简称陆大）。民国改元后（1912 年），改为陆军军官学校。与将弁学堂开办的同时，在保定军校的南面创办北洋陆军协和学堂，后改名陆军速成学堂（现省精神病院至市结核病防治院一带），废后改为兵营。人们习惯把这两所军校统称“保定军校”。

保定军校的成立让当时的中国终于有了一所近代化正规的军校，这个历史意义是巨大的，如果说天津小站练兵培养出了中国第一支近代化陆军，那么保定军校的实际意义是要大过天津小站练兵的。同时也是清政府对于自己部队的一次救赎，对于后来的中国是有深远意义的。

（二）在中华军事文化的传承革新中保定军校居什么地位？

保定军校是中国近代军事学堂的先驱，被誉为“上承天津北洋，下开黄埔军校”（周旭红，《“上承天津北洋，下开黄埔军校”保定军校》，中国青年网，2015 年 3 月 25 日），它是中国近代军事教育史上成立最早、规模最大、学制最正规的现代化军官学校，在短短 21 年的办学历史中，培养了 1600 多名将军。它以自身较好的军事素质受到各省军事当局的重视，自成一个军事学术系统，对后来的军事教育体系和军事教育产生了深远的影响。孙中山先生创办黄埔军校时，也以保定军校毕业生为军事教育骨干。保定军校是黄埔军校创办前唯一的中央陆军军官学校。保定军校自建立之日起，即标榜“军人以保家卫国、服从命令为天职”“军人不问政治为高尚”，形成保定军校学生一种职业军人的特点。保定军校同云南陆军讲武堂、东北奉天讲武堂、黄埔军校并称为近代中国的四大军校，有“讲武的操场、保定的课堂、黄埔的战场”之说。

相比于各省所办“讲武堂”及军阀内部设立的“学兵队”等，保定军校的教学与训练都要严格正规得多，其学制章程大多参照日本士官学校，教官与科队长也多为留日士官生、陆军大学及本校的优秀毕业生担任。保定军校较为系统和专业的军事教育，为中国抗日军队培养了一大批高级参谋军官，他们专业扎实，业务娴熟。由于黄埔军校建于政治形势极不稳定的1924年，前几期毕业生基本是“速成班”性质，很难产生合格的参谋军官。相反，保定军校三年的学制，使一大批毕业生走上了专业参谋的岗位。据不完全统计，在中华民国各战区各集团军担任参谋长、高参的少将级保定生不下数百人。

在清末讲武堂、军校为军队系统性培养军官之前，在商、周、秦、汉、三国、晋、南北朝、隋各朝代，军事将领的产生都是师传、武馆习武和战场上摸爬滚打的锤炼成长，可谓是一将成名万骨枯。到唐武则天时始创选拔武将的武举考试，至清朝时改称武科。历史上武举一共进行过约500次。相对于文科举，武科举较为不受重视。历朝的武举时而被废，时而恢复。即便是武举选拔，也是对习有成就者的考试录用，是对个人武艺高低的比较甄判。军事理论教育除极少部分通过师徒传授或个人研读《孙子兵法》《孙膑兵法》《吴子》《司马法》《太公六韬》《尉缭》《太白阴经》《虎钤经》《纪效新书》《练兵实纪》等，此前并无成体系的对将领的规模化系统性的军事理论培训研习，身经百战式的经验总结，成为将领军事素养生成的主要途径。保定军校开启了中华军事教育的先河，也使中华军事文化由古代过渡转型到近现代。

（三）为什么说中华民国史基本是由保定军校师生书写的？

在中国近代史上，“黄埔军校”几乎成了神一样的存在，名将如云，英雄辈出，在14年抗战舞台上的主演几乎都是黄埔学生。但挖掘黄埔军校的背景，会发现左右民国大局的关键角色是保定军校。

1912年，民国政府将陆军大学堂改为陆军军官学校重新开学。按照惯例，将这一年进校的学生定为保定军校第一期。校长蒋百里到校第一天，给全校师生训话：“今日之谈陆军者，不曰德国，即曰日本。这两国我皆到过，其军队我皆深入考察过。他们的人也不是三头六臂；他们的办法，也没有什么玄妙出奇。不过他们能本着爱国精神，上下一心，不断地努力，所以能有这样的成就。”与黄埔军校重视政治教育不同，保定军校自1912年正式建立之日起，即标榜“军人以保家卫国、服从命令为天职”“军人不问政治为高尚”，形成保定军校学生一种职业军人的特点。保定军校培养出来的军事人才，始终是中国军队中的骨干。在近代中国历次战争中，都有保定军校师生的身影。

北伐时，国民革命军总司令部行营参谋长是保定军校三期的白崇禧，第一军第一师师长是保定军校六期的薛岳、第三师师长则是保定军校六期的顾祝同。在龙游、桐庐战役中击败孙传芳主力，一举拿下苏州的是保定军校八期的陈诚。中原大战时，又是陈诚率十一师攻下济南，顾祝同任第十六路军总指挥、洛阳行营主任，守住中原重镇。

抗战时期，保定军校生更是精忠报国。九一八事变后，第一个拿起武器反抗日本侵略者的便是保定军校一期的苏炳文。当时，苏炳文所部在海拉尔、满洲里进行抗日组织，他成立学兵连，收容有志青年学生百余人施行军事训练，又成立步兵第九团，扩充抗日队伍，还以留德学兵工的刘绍复为领导，组织沈阳兵工厂流亡的技工与青年百余人，成立制造手榴弹、地雷等的兵工厂。保定军校二期的郝梦龄本已卸甲归田，全面抗战爆发后，他上书请缨，决心率部北上抗日，出发前，他已下定以死报国的决心。郝梦龄率第九军自武汉到达石家庄后，编入了卫立煌第十四集团军序列。在忻口会战中，第九军与日军第五师团精锐交战，郝梦龄任中央地区的总指挥。面对强敌，毫无惧色，亲临第一线指挥作战。保定军校八期的陈诚在抗日战争爆发之初就曾对蒋介石说：“与其不战而亡，孰若战而图存。”他提出牵制日军主力，使敌自东而西、不使其由北而南的战略。日本侵略军进犯上海，陈诚被任命为第三战区前敌总指挥、第十五集团军司令，死守昆山一线，多次组织指挥大会战。淞沪会战一开始，薛岳就奉调到南京，被任命为第十九集团军总司令，编入左翼军，投入淞沪战场。抗战中，薛岳先后建立了黄山山脉和天目山的游击根据地，指挥第三战区各部挺进苏浙皖敌后，对京杭、沪杭等各交通线及长江航道展开游击战争，牵制了日军大量有生力量。1938年5月，他指挥兰封会战，重创日军土肥原师团。10月，取得了万家岭大捷，几乎全歼敌106师团。抗战进入相持阶段后，薛岳坐镇长沙，三次顶住日军猛攻，重创日军。1942年，中央军仅剩的两个德械军第五军和第六军，交给了保定八期炮科毕业的罗卓英。这是蒋介石手中最后的王牌部队，在罗卓英的指挥下，在缅甸解救了已被日军击溃的英国军队。

保定军校在历史上的地位很高，先不提万余毕业生，不提1600多名将军，不妨看一组抗战时期的军政数据：在国民政府军事委员会军政部编成的90个军（含骑兵军）中，保定生担任军长的37位；在抗战第一阶段编成的35个军团中，保定军校毕业生担任军团长的14位；在抗战第二阶段编组的23个集团军中，保定军校毕业生担任总司令的14位，几乎就是抗日军队的半壁江山。不仅如此，还有一批保定军校的毕业生出任了战区司令长官或副职，如陈诚上将：第九战区、第六战区、第一战区司令官。薛岳上将：第九战区司令官。刘峙上将：第五战区司令官。李宗仁上将：第五战区司令官（1938年）。余汉谋上将：第七战区司令官。朱绍良上将：第八战区司令官。顾祝同上将：第三战区司令官。张发奎上将：第四战区司令官。傅作义上将：第十二战区司令官。担任战区副司令或远征军司令的保定军校毕业生多达16位，担任国民党中央委员的33位，中央候补委员的8位，中央监察和候补监察委员26位。由此看来，在抗日战争时期的保定军校毕业生，要么是封疆大吏，要么是军政大员，是国民党政权的上层政治架构主体。这些人遍布当时的军界和政界，在中国近代的政治舞台上发挥着非常重要的作用，保定军校走出这么多著名将领，深刻地影响着中国近现代军事史。清末民初以后直到20世纪上半叶，举凡中国历史进程中的重大变革和重要事件，无不有保定军校生参与，并发挥了重大作用，产生了重要影响。

不仅在军事上，保定军校生在中华民国举足轻重，在国家发展进程和国家治理方面，保定军校的师生几乎主宰了民国之命运。

先看保定军校的创办人袁世凯、冯国璋、段祺瑞。

袁世凯，1912年任中华民国临时大总统，1913年当选大总统，1916年元旦复辟帝制，3月被迫取消帝制，仍称大总统，1916年5月6日病逝。

冯国璋，1916年3月9日公开通电反对袁世凯复辟帝制。1916年10月当选中华民国副总统，1917 年 8 月 1 日就任代理大总统，1918 年 10 月下台。1919 年 12 月 28 日病逝。

段祺瑞，1916 年至 1920 年为中华民国的实际掌权者。1924 年至 1926 年为中华民国临时执政。1926 年 3 月 18 日发生了段祺瑞政府镇压北京学生运动的三一八惨案。九一八事变后，日本人曾胁迫段祺瑞去东北组织傀儡政府，段严词拒绝。1936 年 11 月 2 日，段祺瑞逝于上海宏恩医院。

对中华民国历史影响巨大者当首推保定军校学生蒋介石。

蒋介石，1907 年 7 月考入保定陆军速成学堂，1908 年春被派往日本留学，入振武学校，并加入同盟会。1924 年 5 月任中国国民党黄埔陆军军官学校校长兼粤军总司令部参谋长。1926 年 1 月当选国民党第二届中央执行委员兼常务委员，并任国民革命军总监。6 月任中央党部组织部部长和军人部部长及军委会主席、中央执行委员会常务委员会主席、中央政治会议主席。7 月任国民革命军总司令，开始北伐。1927 年 4 月发动四一二反革命政变，屠杀共产党人。4 月 18 日成立南京国民政府及中央党部，与武汉国民政府对立。1928 年 2 月 4 日选任国民党第三届中央委员、军事委员会主席。10 月，南京国民政府实行五院制，任国民政府主席。12 月，东北张学良易帜，南京国民政府形式上统一了中国。[1] 自此，蒋介石成为中华民国的最高统治者，直到 1949 年 10 月 1 日中国共产党成立中华人民共和国结束了蒋介石在中国大陆的统治。

对中华民国历史产生重要影响的还有保定军校学生李济深、邓演达、张治中、唐生智、傅作义、董振堂、叶挺等。

李济深，1910 年入保定军咨府军官学堂。1911 年参加辛亥革命。1924 年 2 月 8 日任黄埔陆军军官学校副校长兼教练部主任。1925 年 8 月 26 日任国民革命军第四军军长。1926 年当选国民党第二届中央执行委员会委员，同年 7 月 14 日任国民革命军总参谋长。1927 年主持发动“四一五”事变，在广州清党。同年 10 月任国民革命军第八路军总指挥，奉命堵截南昌起义军。是年，任南京国民政府委员、军事委员会委员及常务委员。1928 年 3 月 13 日任国民革命军总司令部总参谋长。1932 年 2 月 4 日任军事委员会办公厅主任。1933 年 11 月发动福建事变，任“福建人民政府主席”和军事委员会主席。失败后

[1] 尤文远、马永祥，《保定军校千名将领录》，方志出版社，2001 年。

被国民党开除党籍。1937年抗战爆发后，任国民政府军事委员会委员。后去重庆主持组织战地党政委员会，1939年3月9日任副主任委员。1943年任军事参议院院长。1945年5月当选国民党第六届中央监察委员。1946年7月31日授上将。同年组织成立中国国民党民主促进会，并任主席。公开支持“反内战、反饥饿、反迫害”运动。1947年2月发表反对内战的“七项意见”声明，因此第三次被国民党开除党籍。1948年1月任中国国民党革命委员会主席。1949年去东北解放区参与筹备新政协，9月在中国人民政治协商会议第一届全体会议上当选为副主席及中华人民共和国中央人民政府副主席。1954年，在第一届全国人民代表大会上当选为人大常委会副委员长。1959年10月9日在北京病逝。

邓演达，1916年入保定军校第六期工兵科，1919年毕业。1924年奉命参加筹办黄埔陆军军官学校，并任该校筹备委员会委员、教练部副主任兼学生总队长。1926年当选国民党第二届候补中央执行委员，同年任黄埔军校教育长。1926年7月任北伐军总司令部政治部主任。10月攻克武昌后，兼任国民革命军武汉行营主任和湖北省政务委员会主任。1927年2月与吴玉章等人组成“行动委员会”，反对蒋介石。后任武汉国民政府军事委员会委员及军事委员会总政治部主任等职。四一二政变后，遭蒋介石通缉。1930年8月9日，成立中国国民党临时行动委员会，声言要用第三条道路来拯救中国，同时联络各方人士密谋武力倒蒋。1931年8月17日被捕，11月29日被杀害于南京。

唐生智，1912年入保定军校第一期步科学习，1914年毕业后在湖南陆军任职。1926年3月任湖南省内务司司长，代理湖南省省长。后与广州国民政府联络，参加北伐。1926年6月2日任国民革命军第八军军长兼北伐前敌总指挥，并任湖南省政府主席。8月率北伐军第四、七、八军攻克武汉三镇。12月13日任国民党中央执行委员会委员及国民政府临时联席会议委员。1927年1月20任武汉国民政府军事委员会军制审查委员会委员长。2月任中央政治委员会委员。后因支持汪精卫，率部讨蒋。11月兵败被迫下野。1929年3月蒋桂战争爆发后，被蒋启用。5月24日任军事参议院院长。1935年4月2日授陆军一级上将。抗战爆发后，1937年9月8日任军法执行总监。11月20日任卫戍司令，指挥南京保卫战。南京失守后，避居湖南原籍，创办耀祥书院。1949年4月任湖南人民自救委员会主任，致力于湖南和平解放。中华人民共和国成立后，曾任湖南省副省长、全国人大常委会委员、国防委员会委员、民革中央常委等职。1970年4月6日在长沙病逝。

傅作义，1915年入保定军校第五期步兵科。毕业后服役晋军。1927年任第四师师长。6月参加国民革命军北伐，任挺进军总司令。12月18日任军事委员会委员。1929年任东北政务委员会委员。1930年参加中原大战，任阎锡山部第六路军总指挥兼第十军军长。1931年晋绥军被张学良收编。8月19日任绥远省政府主席兼第三十五军军长。1933年1月率军赴张家口抗日，3月在怀柔抗击日军。1935年4月授陆军二级上将。抗日战争爆发后，任第二战区北路前敌总司令兼第三十五军军长。10月参加忻口战役，任第十四集团军副总指挥。1939年1月14日任第八战区副司令长官。1940年取得反击日寇进军河套地区的五原大捷。1945年当选国民党第六届中央执行委员。8月11日任第十二战区司令，接收了包头、归绥等地。1946年10月15日任张垣绥靖公署主任兼察哈尔省政府主席。12月特派为华北“剿匪”总司令。1947年进驻北平。1948年1月参加平津战役。1949年1月14日与中国人民解放军进行谈判。1月22日接受北平和平解放和所部军队的和平改编。中华人民共和国成立后，先后任中国人民政治协商会议委员会委员、副主席，中央人民政府委员，水利部部长，国防委员会副主席等职。1974年4月19日病逝于北京。

董振堂，1920年入保定军校，1923年毕业于第九期炮科。被派至冯玉祥部陆军第十一师。1926年五原誓师后，升任国民联军第四师第十二旅旅长。1927年5月，随国民革命军第二集团军右路军总指挥孙连仲东出紫荆关，策应北伐战争。后升任国民革命军第二集团军第三十六师师长。1930年9月中原大战后，任国民革命军第二十六路军第二十五师七十三旅旅长。1931年12月率部在江西宁都起义，参加中国工农红军，部队改编为红军第一方面军第五军团，任红五军团副总指挥兼十三军军长。1932年4月加入中国共产党，并任红五军团长。1934年参加长征。1935年1月参加遵义会议。1936年1月，红五军团同红四方面军三十三军合编，改称红五军，任军长。1936年10月，渡黄河西进。1937年1月10日，在甘肃高台守卫战中遇难，时年42岁。

叶挺，1917年入保定军校第六期工兵科学习。1919年参加孙中山领导的粤军。1920年任孙中山大元帅府警卫团第二营营长。1922年6月，在陈炯明叛变中掩护孙中山脱险。1924 年去苏联学习，入中国共产主义青年团。1925 年转入中国共产党。同年 9 月回到广州，任国民革命军第四军参谋处处长。不久，参与组建国民革命军第四军独立团，任团长。1925 年率独立团担任北伐先遣队，一路斩关夺隘，屡建战功，被誉为“北伐名将”。同年 10 月，武昌战役结束后任第四军第二十五师副师长与第十一军二十四师师长。1927 年 8 月，率二十四师参加南昌起义，任前敌代总指挥。起义后兼任第十一军军长。同年 12 月，与张太雷、恽代英、叶剑英等领导广州起义，任起义军总指挥。抗战爆发后，经中国共产党推荐，叶挺回国就任新四军中将军长。1938 年，与中共东南分局书记、副军长项英率新四军挺进华中敌后创建抗日根据地。1940 年 10 月中旬，国民党发动第二次反共高潮，强令驻皖南的新四军北移，妄图乘机消灭。1941 年 1 月 4 日，新四军军部和所率部队 9000 余人从云岭地区出发北撤，行经茂林地区时遭国民党 8 万余人的包围。激战七昼夜，除 2000 余人突围外，其余壮烈牺牲或被俘。叶挺在与国民党谈判时被非法扣留，后在上饶、桂林等地囚禁了 5 年零 2 个月。抗战胜利后，经过中共中央在两党和平谈判中的坚决斗争，叶挺于 1946 年 3 月 4 日获释。4 月 8 日，在和王若飞、邓发、秦邦宪等乘飞机赴延安途中，因飞机失事，不幸在山西黑茶山遇难，终年 50 岁。

十八、保定为什么成为白求恩精神的诞生地?

（一）何谓白求恩精神?

白求恩，全名亨利·诺尔曼·白求恩（Henry Norman Bethune，1890 年 3 月 4 日—1939 年 11 月 12 日），加拿大共产党员，国际主义战士，著名胸外科医师。

白求恩精神就是伟大的国际主义、共产主义精神；就是毫不利己、专门利人无私奉献的精神；就是对工作极端热忱、精益求精的精神。

（二）白求恩牺牲在何地何时?

1939 年 10 月 29 日，白求恩在河北涞源抢救八路军伤员的手术中不慎割破手指，后在另一台手术中伤口受到感染转为败血症，11 月 12 日凌晨 5 时 20 分，他在河北省唐县黄石口村与世长辞，享年 49 岁。

河北唐县葛公村白求恩医院（沙飞摄）

（三）为什么要永远缅怀纪念白求恩?

一是因为白求恩事迹与白求恩精神已成为无私奉献的标杆，成为人们学习的榜样。

白求恩在中国工作的一年半时间里为中国抗日革命呕心沥血、鞠躬尽瘁、死而后已。毛泽东专门写出《纪念白求恩》一文以为哀悼。毛泽东认为，一个人如果具备了“毫不利己专门利人”的精神，就可以成为“一个高尚的人，一个纯粹的人，一个有道德的人，一个脱离了低级趣味的人，一个有益于人民的人”。这无疑是中国人精神和道德的最高标准。一个外国人，毫无利己的动机，把中国人民的解放事业当作他自己的事业，这是什么精神？这是国际主义的精神，这是共产主义的精神，每一个中国共产党员都要学习的精神。

1938 年，出于为最苦难人民带去现代医学希望的考虑，白求恩加入了由国际援华委员会组建的加美医疗队（共产国际授意建立），去中国帮助同属共产国际的中国八路军。根据 Larry Hannant 所著的《The Politics of Passion》记载，出于对优秀人才的拉拢，蒋介石曾趁白求恩停留武汉的机会挖墙脚，邀请白求恩在相对平静舒适的武汉工作，别去“延安”那种“穷山恶水”之地。但白求恩从他自加拿大出发那一刻起，坚定的信念就是去帮助最需要他的人，“穷山恶水”非但没有吓住他，而是巩固了他一定要去帮助八路军的决心。3 月 31 日，在周恩来的安排下白求恩抵达延安，次日即受到毛泽东主席的热烈欢迎。5 月 2 日，经毛主席同意，休整不到 2 个月的白求恩，亲自率领他的医疗小队加入了由聂荣臻将军主持的晋察冀军区，在那里白求恩任职军区卫生顾问，全面负责前线伤员的抢救工作。小学课本中《手术台就是阵地》提到的“齐会战斗”中，白求恩创造了一个手术奇迹，69 个小时内为 115 名伤员动手术，这也正是因为白求恩这么拼命地想着“多救一个中国人”。白求恩同志“毫不利己，专门利人”的精神，表现在他对工作的极端负责任，对同志对人民的极端热忱。他以医疗为职业，对技术精益求精。在整个八路军医务系统中，他的医术是很高明的，但他亲力亲为忘我工作。他的牺牲精神、工作热忱、责任心均称模范，直至以身殉职。他的事迹受到中国人民的广泛赞扬，成为中国人心中的道德楷模。

二是因为白求恩是一位伟大的人道主义者，是一位具有重要历史意义的人物。

不仅在中国，在他的家乡加拿大，白求恩也被人称道推崇。白求恩之所以赢得加拿大人的崇敬，主要有两个原因，一是钦佩他在征服“死亡”威胁过程中的坚强毅力；二是钦佩他处处为他人服务、为医疗社会化而不懈奋争的崇高精神。白求恩实验证明了“人工气胸疗法”的可行性，为胸外科在药物不发达的年代，为战胜肺结核贡献了不可磨灭的力量。但他并不开心，因为他看到了人类最丑陋的一面，医疗被当作可以挣钱的生意。因此，他强调“让我们把盈利、私人经济利益从医疗事业中清除出去，使我们的职业因清除了贪得无厌的个人主义而变得纯洁起来。让我们把建筑在同胞们苦难之上的致富之道看作是一种耻辱”。于是他成了一名志愿医生，在20世纪30年代加拿大大萧条时期，挽救了很多穷人的生命。1936年西班牙内战爆发，在这个法西斯野心和反法西斯力量的第一次冲突中，白求恩选择奔跑到第一线，放弃了原本有着丰厚报酬的职位，为西班牙免受法西斯吞噬而努力，他喊出了：“为自由和未来世界而战的同志们，谁为我们而死，我们会记住你。”在西班牙严酷的战争局势下，他建立了以汽车为

唐县白求恩柯棣华纪念馆

载体的伤员急救系统，保证了自己在治疗之时，不会被突如其来的“转移”所打断，目前依旧被现代军用医疗系统所改进沿用。白求恩作为职业医生所坚持的职业道德操守和职业追求，体现了人类崇高的博爱境界，具有普世文化价值。

1998 年，白求恩被纳入“加拿大医学名人纪念堂”。2004 年，加拿大广播公司评选“最伟大的加拿大人”，白求恩被评选为第 26 位伟人。2012 年 4 月，加拿大驻华大使马大维高度评价白求恩：“白求恩是一位伟大的人道主义者，是一位对中国人民和加拿大人民具有历史意义的人物。”目前不但全国各地的医疗场所均能见到白求恩的雕像，中国卫生部主导的中国医疗最高奖项，也取名叫白求恩奖章，白求恩精神成为中国医疗行业前赴后继追求的最高精神。

十九、“荷花淀派”在当代中国文坛是什么地位？

（一）“荷花淀派”与白洋淀有何渊源？

荷花淀派是以我国杰出的语言大师孙犁为代表的一个当代文学的流派。20 世纪 50 年代，京、津、保地区有一大批青年作者积极主动地学习孙犁的风格，效仿孙犁的路子写小说，即通过描写儿女情、家务事反映时代的变化。主要作家还有刘绍棠、从维熙、韩映山等。荷花淀派的作品，一般都充满浪漫主义气息和乐观精神，情节生动，语言清新、朴素，富有节奏感，描写逼真，心理刻画细腻，抒情味浓，富有诗情画意，有“诗体小说”之称。荷花

安新孙犁纪念馆——荷花淀文学流派室

淀即白洋淀，这一流派得名，不但源于白洋淀这个地方，也源于孙犁的短篇小说《荷花淀》。《荷花淀》以白洋淀明媚如画的风景当作背景，具有朴素、明丽、清新、柔美的风格，洋溢着诗情，带有浓郁的浪漫主义色彩。孙犁的作品在河北青年作者中有强烈的影响。他在编辑《天津日报·文艺周刊》时，通过这块园地，团结和培养了京、津、保三角地带的一批文学青年。这一派作家的共同特色是着力追求诗情画意之美，早期作品都吐露出华北的泥土和水乡的清新气息。后来，逐渐发生了变化，从维熙就写出了不少慨慷悲壮的作品，与“荷花淀”派的风格不同。

（二）“荷花淀派”文学有什么特点？

“荷花淀派”一般都充满浪漫主义气息和乐观精神，语言清新朴素，描写逼真，心理刻画细腻，抒情味浓，富有诗情画意，以孙犁为代表。首先，以革命现实主义为根基，糅进浪漫主义情调，是孙犁艺术风格最主要的特点。其次，孙犁的作品喷放着浓郁的泥土的芳香，激荡着作者对故乡的爱。孙犁的小说对美有一种特殊的追求，他着力描写、赞扬故乡的风光美和人情美。孙犁的小说是风格独具的美小说。最后，孙犁特别擅长描写农村的青年女性，不仅有一种描写她们的美丽容貌的特殊素养，而且更具有深入她们丰富、复杂的感情世界，从她们命运的变化反映时代风云变幻的过硬本领。

孙犁及其影响下的“荷花淀派”作家，虽然相互间有许多不同的地方，但在乡土小说的风格特征上也有不少共同点，简要归纳起来，至少有这样几点：其一，诗意地描绘河北乡村生活，在风景画、风俗画和风情画的彩笔精绘中，染出浓郁的河北“地方色彩”与“异域情调”。其二，在即时性的政治意识形态话语中，灌注和张扬具有恒久魅力的人性与人情。而其内在精神蕴涵，既有传统美德的承传，又有现代意义上的人道主义精神。这使得“白洋淀派”乡土小说在单纯明快中，显露出思想蕴含的复杂性，在和谐中隐含着不和谐的内在裂隙与冲突。其三，崇尚女性美，擅长青年女性的塑造。所塑造的女性形象，其文化人格，既有传统的良善，也有特定的时代色彩。女性形象的外在容貌与内在的复杂情感，相互映衬，相得益彰，是作者理想的寄寓者或象征。其四，以现实主义张目，但艺术的质地却是浪漫主义的，具有亲切可人的浪漫气息。其五，上承废名、沈从文[1]的乡土抒情小说传统，擅以诗为小说，以散文为小说，在诗化、散文化的小说中，创造清新明丽的意境，形成“荷花淀派”独特的优美、婉约的艺术风格。

（三）“荷花淀派”在当代中国文坛是什么地位？

“荷花淀派”在我国文学界独树一帜，对我国华北地区文学创作影响深刻。我国杰出的语言大师茅盾评价：以孙犁为首的“荷花淀派”和以赵树理为首的“山药蛋派”是我国现代文学中最为著名、最有影响的、各具千秋的两个流派。

1945 年 5 月 15 日，延安的《解放日报》发表了孙犁的小说《荷花淀》，顿时给解放区文坛吹来一股清新明丽的风。新鲜是一个方面，更重要的是孙犁为解放区的革命文学引进了一种新的审美范式，它极大地提升了革命文学的审美品格，为革命文学成为真正的文学作出了开创性的贡献。孙犁的小说《荷花淀》《芦花荡》《嘱咐》以及新中国成立后创作的《山地回忆》《风云初记》《铁木前传》等，加上孙犁影响下的“荷花淀派”诸如刘绍棠、从维熙、韩映山、房树民、冉淮舟等的创作，弥补了革命文学艺术上的缺陷。孙犁及其影响下的“荷花淀派”实际上链接的是中国文学中的抒情传统，这一抒情传统在现代文学中就是废名和沈从文为代表的京派文学传统。以孙犁为代表的“荷花淀派”找到的是革命文学民族化的另一条路径，这条路径典雅高贵，受到革命队伍中的知识分子的普遍欢迎。

孙犁及其“荷花淀派”还继承了另一个传统：史传传统。史传传统的核心是“实录”精神。这种“实录”精神比之于小说，就是现实主义。对于现实主义，孙犁认为应该有“三真”即“真实、真诚、真正的激情”。“真实”就是“信史性”，就是要“忠实于现实”，要敢于对历史负责；“真诚”就是作

---

[1] 废名，原名丘士珍（1905—1993），福建龙岩人，曾用笔名废名。1934 年 3 月 1 日以“废名”为笔名在《南洋商报》“狮声”副刊上发表题为“地方作家”谈的短论，引起论争，因此次论争在当时南洋文坛和马华文学史上极其有名，而声名大震。1948 年出版中篇小说《复仇》。
沈从文（1902—1988），原名沈岳焕，湖南凤凰人。1924 年开始文学创作，撰写出版了《长河》《边城》等小说，新中国成立后著有《中国古代服饰研究》。

白洋淀孙犁雕塑

家要以求实求真的科学精神、真诚人格和艺术良知面对现实；“真正的激情”就是作家的主观审美意识，这种意识来自生活又反射于生活，“在现实生活里，充满伟大的抒情”。这样，孙犁就把抒情传统与史传传统结合起来，构成他对现实主义的理论建构。孙犁并不喜欢谈论浪漫主义，因此，我们不妨将他的创作及其“荷花淀派”称之为“诗化现实主义”。诗化现实主义是说它的审美形态上的抒情性，而在对生活的表现上又是充分现实主义的，它以极具个人化的方式写出现实的深度和广度，以及生活的复杂性。

孙犁及其“荷花淀派”在文学史上对后世几代作家产生持续广泛的影响，具有永恒的魅力。改革开放之初，贾平凹、铁凝、莫言无不受到孙犁的关怀和影响。孙犁特别强调文学作品的艺术性：“一部作品有了艺术性，才有思想性，思想融化在艺术的感染力量之中。那种所谓紧跟政治、赶浪头的写法是写不出好作品来的。”他认为：“创作的命脉在于真实。这指的是生活的真实，和作者思想意态的真实。这是现实主义的起码之点。现在和过去，在创作上都有假的现实主义。……他们以为这种作品，反映了当前时代之急务，以功利主义代替现实主义。这就是我所说的假现实主义，这种作品所反映的现实情况，是经不起推敲的，作者的思想意态，是虚伪的。……作品是反映时代的，但不能投时代之机。凡是投机的作品，都不能存在长久。”（郭宝亮，《“荷花淀派”的历史意义及启示》，《文艺报》，2019 年 9 月 19 日）孙犁的这些文学观念，不仅在当时具有振聋发聩的意义，即便在今天仍具有重要的启示意义。

1980 年 9 月，中国作协河北分会、河北省文联等单位联合主办了包括全国知名专家、学者参加的研讨会，正式确认它是中国当代文学史上一个流派，并以“荷花淀派”命名。1983 年，人民文学出版社出版了河北师范大学冯健男先生编选的《荷花淀派作品选》。1997年冯健男先生主编的《河北当代文学史》有专章对“荷派”进行了梳理，认为“尽管新时期以来只有韩映山高扬‘荷花淀派’大旗，但‘荷派’的艺术影响却不断在扩大”。这是有见地的论断。虽然随着1997年后刘绍棠和韩映山相继辞世，2002年孙犁辞世，“荷派”的文学活动便告终结，但此后在全国通行的现当代文学史及以文学流派研究为内容的专著中，越来越显示出“荷花淀派”的地位重要。“荷花淀派”的审美追求、艺术精神和所取得的成就，将恒久地惠及后人（郑连保，《荷花淀派——中国现当代文坛的亮丽风景》，《河北师大报》，2009年5月25日）。

二十、直隶官府菜蕴含着哪些文化信息？

（一）直隶官府菜有什么特色？

直隶官府菜是源自河北保定又具贵族风格的特色菜系，被称为中国官菜“活化石”，是我国北方菜肴的主要代表之一，2006年，直隶官府菜烹饪技艺获批省级非物质文化遗产。

直隶官府菜来自民间，形成于官府，升华在宫廷，荟萃在官府，出品精致大气，形象逼真，彰显官府贵族气派；有的菜品甚至霸气十足，富丽堂皇，务求质精，大有“宁尝直隶官府菜一口，不吃家常菜一盘”的食欲效果。

口味，是区分一个菜系最重要的标尺。直隶官府菜与川、鲁、粤、湘等地菜系有着本质的区别。浓郁的酱香味，使直隶官府菜独树一帜。这酱就是保定府的特产——甜面酱。直隶官府菜在烹制过程中最重要的调味料就是甜面酱，也正因如此，菜品呈现出暗红的金属色泽，入口滑润并且有浓郁的酱香味儿。直隶官府菜系属中性咸香型，以鲜嫩爽滑、醇厚悠香为主，讲究口味绵长醇厚、原汁原味、咸淡适宜、色香味形俱佳、清鲜醇三香融一，同时不拘一格，口味多样，南北适宜，如酸甜、甜香、香辣、酸咸、怪味等菜肴也不少见。从调味原料上看，用料考究，品种丰富多样，有保定槐茂面酱、望都辣椒、芦台海盐、永年大蒜、涉县花椒、隆尧鸡腿葱，以及保定府多有产出的小磨芝麻油、植物油、酱油、醋、料酒、芫荽、生姜等，为更好地体现直隶官府菜系的口味特点提供了物质条件。直隶官府菜不仅注重口味，而且注重质感，做工精细，讲究汪油抱汁、明油亮芡；菜肴在鲜嫩、爽滑、醇厚、干香的基础上，营养丰富。直隶官府菜提香的另一秘诀就是套汤，所谓“无鸡不鲜，无鸭不香，无肘不黏”，简明地概括了直隶官府菜套汤的三种主要食材和各自功用。直隶官府菜具有鲜、香、黏滑、爽口的特点。直隶菜中使用的汤有清汤和浓汤之分。

此外，直隶官府菜还有自己独特的器皿，外观精美、科学实用。最具有代表性的要数温盘、温碗和温盏。温盘底座上部有一对端耳，其中一个端耳上有与密闭腔室相通的注水口，使用时通过注水口注入热水，即便是寒冬时节也能长时间保持菜品温度。温碗和温盏都是从底部一个漏斗状的水槽注水，将其放置在桌上后，碗内的漏斗口向上，巧妙地实现了热水不会倒流。直隶官府菜的瓷餐具多为凝重内敛的青花瓷制品。

（二）直隶官府菜是如何产生的?

中国历来是美食之邦，中国人的智慧，有很大一部分都用在了“吃”上。上至宫廷盛宴、下至民间小吃，可谓百花齐放、各有特色，而官府菜正是其中一朵不容忽视的奇葩。官府菜又称官僚士大夫菜，包括一些出自豪门之家的名菜。官府菜在规格上一般不得超过宫廷菜，而又与庶民菜有极大的差别。远在西汉时，官府菜已出现雏形，极盛于明清。贵族官僚之家生活奢侈，资金雄厚，原料丰厚，这是形成官府菜的重要条件之一，所谓“家蓄美厨，竞比成风”“私家名厨，甚于菜馆”。官府菜形成的另一个重要条件是名厨师与品味家的结合。一道名菜的形成，离不开厨师，也离不开品味家。历代封建王朝的许多官高禄厚的文武官员，极其讲究饮食，不惜重金聘请名厨，创造了许多传世的烹调技艺和名菜。官府菜起源于昔日深闺大宅中的名厨佳肴，官府、大宅门内，都雇有厨师，吸收全国各地许多风味菜，讲究用料广博益寿，制作奇巧精致，味道中庸平和，菜名典雅得趣，筵席名目繁多且用餐环境古朴高贵。

官府菜是直隶衙门制作的供官僚阶层享用的菜肴流派的统称。直隶官府菜从明朝萌芽、清朝兴盛到新时期的复兴，历经600多年，被称为中国官菜的“活化石”。保定是一所历史文化古城，省、府、县三级政权所在地，地域性政治中心，地接京津，咽控南北，历史悠久，人杰地灵。古城保定作为直隶省内最大的城府，城内食肆林立，在悠悠百年的岁月里，帝王巡顾，要员任守，商贾云集，名流荟萃，达官显贵在此聚居，巨商大贾在此汇聚，直隶总督在此运筹帷幄于密室，指挥远控于边关，多种民族在此生活，南宾北客在此川流，各地菜品极为丰富，天下美食荟萃一堂。

同时，直隶总督的封建特权，使其网罗技艺高超的厨师，荟萃珍稀原料，把中华饮食文化和烹饪技艺融会贯通并逐渐形成了自己的体系——直隶官府菜。清代保定府官衙众多，以直隶总督为代表的历代官宦是拱卫京畿的清廷重臣。这些官员来自全国各地，所以把各地美食带入直隶官府菜中，又因位高权重，享乐和应酬，极为重视饮馔，府中多讲求美食，并各有千秋。直隶官府菜来自民间，形成于官府，升华在宫廷，长此以往，逐渐形成了不同于宫廷菜的直隶官府菜雏形。直隶官府菜正是在此时期开始形成和发展。

直隶官府菜自远古走来而鼎盛于清代至民国，流行于京师附近的直隶省，却又影响过整个北方菜系。

（三）直隶官府菜与直隶总督署有何关系?

清康熙八年（1669 年），直隶巡抚移驻保定，雍正二年（1724 年）复设直隶总督，建立保定直隶总督辕门。直隶的意思类似于当今的直辖，由皇帝直管。直隶总督署是清代直隶总督的办公场所，直隶总督是直隶地方最高军政大臣，位高权重，为清代督抚之首，疆臣领袖，多为朝中重臣，方观承、李卫、刘墉、曾国藩、李鸿章、袁世凯等均在此任职。自 1724 年到 1911 年，在保定共有 73 位封疆大吏，做过 91 任直隶总督。在直隶任上时间最长的是李鸿章，三从直隶任上，共 25 年，同时拥有八实八虚职衔，权倾一时。直隶总督署历经 200 年历史，故有“一座总督衙署，半部清史写照”的美誉。

直隶地区长期作为封建王朝的统治心脏地区，自然成为中国官府菜的重要发祥地，拥有丰富灿烂、浓墨重彩的直隶官府饮食文化。全国各地到保定做总督的大员们，都把家乡的特色菜品带到了直隶任上，比如湘菜、鲁菜等。随后，他们用保定地方的食材和烹调方法，来制作这些地方菜，渐渐就形成了特有的直隶官府菜。直隶官府菜又叫“直隶衙门菜”“直隶公府菜”，是对古代直隶衙门官府制作的供直隶官僚阶层享用的菜肴流派的统称。清代直隶总督作为朝廷的一品大员，随从甚众，而随从之中最为重要之一的就是官厨。直隶总督署的官厨大多身怀绝技，不仅要掌握直隶总督祖籍菜品口味，更要融合宫廷菜式，满足政治交往的需求，长此以往，逐渐形成了不同于宫廷菜的直隶官府菜雏形，引领直隶饮食文化的潮流。

（四）直隶官府菜很河北吗？

自从清代以来，直隶官府菜迅猛发展，形成了我国北方菜肴的主要代表之一，成为河北菜肴的主要起源和重要组成部分。它与以省会石家庄为代表的冀中南平原菜，以唐山等沿海地区为代表的冀东沿海菜，以承德、张家口等地为代表的宫廷塞外菜共同构成冀菜。

冀菜也称河北菜、燕赵菜，是指源于河北、吸纳中外、具有河北风味特点的菜，中国第九大菜系，有三大主要流派，即以保定地区为代表的直隶官府菜、以承德等地为代表的宫廷塞外菜和以唐山等地为代表的冀东菜。冀菜用料广，选料严，烹调技艺全面，注重火候和入味，突出质感和味感，注重吊汤，善用浆、糊、汁芡、明油亮芡，擅长刀工和熘炒菜，重视主料和营养配比的科学搭配，讲究器皿、盛装一体化的观感美，成品色泽鲜艳、漂亮，咸鲜口，以酱香、浓香、清香三个香型为主。

冀菜以保定官府菜为主、以其他地方的菜为辅，因为保定府为直隶总督府，保定地接京津，咽控南北，江南各地的菜肴都要经过保定府送到北京，这样各个菜系都在保定有所体现。直隶官府菜系是在吸纳中华饮食文化、京师满汉全席等皇帝御宴及江浙菜、安徽菜等地方菜特色的基础上形成的，包罗万象，博大精深，将天下名吃荟萃一堂，无论菜肴还是小吃、主食，都具备了一定的独到风格，尤其是菜肴的结构和筵席形成了一定格局。菜品精致大气，形象逼真，不仅注重口味，而且注重质感，做工精细，彰显官府贵族气派。直隶官府菜来自民间，形成于官府，升华在宫廷，是伴随着保定地区物产的逐步开发利用，政治、经济、文化的不断发展，而产生、发展和提高的，既有河北本土特色又兼容天下食风，逐渐形成了自己的体系，引领着河北饮食文化的潮流。

直隶官府菜充分体现了古城保定作为经济、政治、文化重镇所包含的中华饮食特色，同时直隶官府菜也是保定人民对高档饮食文化的成功探索，包含丰富的宴会文化内涵，涵盖了古代官府美食、美器、美景、美乐、美诗文及其他众多灿烂辉煌的饮食文化内容，是传统文化精华的继承，代表河北走向全国、世界。

后　记

本书缘起于应邀参加保定市文旅局党组书记李洪强同志主持召开的一次保定文化读本编写大纲汇报审查的专题会上。会议的前夜，我临时构思了一个设问式的撰稿框架大纲，以《保定文化 20 问》的名称，将保定优秀传统文化诸方面浓缩概括为 20 个需要回答的问题，提交会议审议。未曾想到，此大纲构思得到李书记等的高度肯定，并责成我按此大纲另撰一部书稿。

接到这个任务，委实诚惶诚恐，一则思想准备和知识储备不足。我深知要全面地了解和把握一个地区的文化，即便生于斯、长于斯，没有个十年、二十年的研究、思考、沉淀，是万不敢奢谈你懂这个地域文化的；二是时间紧迫，此书要在 2020 年 9 月下旬举办的保定市第三届旅游产业发展大会上散发。排除撰稿，单就出版社的流程就需要两个月的时间，这要求我在 7 月末或 8 月初就得完成书稿的撰写并要被审查通过。6、7 这两个月的时间既要准备熟悉研读资料，还要形成书稿，无疑是个挑战。好在 2015 年下半年曾主持编写《保定文化建设 2025 规划》，带领课题组对保定市全域的文化资源进行过全面的考察调研，今年年初因工作需要又对保定全域的长城文化与旅游资源进行了系统考察研究和相关建设保护项目的策划，从而对保定的文化脉络有了一知半解和皮毛式的认知。但时间的仓促，选题的重要，仍让我压力山大，好在我邀请王清瑗女士给予协助，帮我撰写了部分章目的书稿，从而及时完成了全书的文稿并报保定市文旅局领导审阅。文稿一次性被审定通过，给了我很大的鼓励。从而得以在 8 月下旬提交燕山大学出版社启动了排版、审稿、编校、印装的出版流程。

这里要特别感谢保定市文旅局李洪强书记对本书策划编撰出版所给予的

坚定而大力的支持；感谢河北省新闻出版局图书处于国庆处长对本书撰稿有关问题提出的指导性意见；感谢保定市文旅局宣传和对外合作交流处张媛处长，作为具体协调督办本书编印工作的负责人，做了大量的行政协调服务工作；感谢保定市文旅局文物管理处刘成刚处长，在百忙之中协调原作者提供了部分保定文物景观的摄影作品作为本书插图，给本书增色添彩；感谢保定市文旅局杨红伟同志，他对书稿校订提出许多宝贵意见。另外还要感谢好友、曲阳县河北省工艺美术大师甄丛达先生为我提供北岳庙的相关精彩照片。

燕山大学出版社社长陈玉教授对本书出版给予特事特办，不仅大大加快了出版流程，也给了许多便利。有幸的是，燕山大学出版社总编辑王海平博士亲自担任本书的责编，作为曾在保定生活多年的河北大学前教师，她无疑是编审本书最合适的人选。出版社社长助理、总编室主任裴立超先生，作为与我对接的第一人，为此书出版的诸多事情跑前跑后、操心无数。在这里，我向燕山大学出版社的各位领导和同志们致以谢意！

还要说明的是，本书在撰稿的过程中，参考和借鉴了网上检索到的许多相关资料和博客文章，由于文章署名多为笔名、网名，无法联系到作者本人征求引用的授权，只能在书稿的适当之处以引文注解的形式表达对作者版权的尊重。如有作者对书稿提出版权有偿使用方面的诉求，请直接联系我协商妥处。

现在呈现给读者的这部小册子，自己总体感觉是在赶交作业，没有达到应有的水平，存在着许多谬误和不妥之处，还望读者尤其是对保定文化深有造诣的人士给予批评指导。

保定文化博大精深、恢弘灿烂，远非本书所设20问就能概而言之，挂一漏万已是事实。虽是拙作，但丑媳妇不得不见公婆，权当抛砖引玉了。

张　帆

2020年9月1日